Les vieux

Catalogage avant publication de Bibliothèque et Archives nationales du Québec et Bibliothèque et Archives Canada

Legault, Rose
   Les vieux
   (Collection Essai)
   ISBN 978-2-7640-1722-7

   1. Personnes âgées – Conditions sociales. 2. Vieillissement. I. Titre.

HQ1061.L43 2011   305.26   C2011-940263-7

© 2011, Les Éditions Quebecor
Une compagnie de Quebecor Media
7, chemin Bates
Montréal (Québec) Canada
H2V 4V7

Tous droits réservés

Dépôt légal : 2011
Bibliothèque et Archives nationales du Québec

Pour en savoir davantage sur nos publications, visitez notre site : www.quebecoreditions.com

Éditeur : Jacques Simard
Conception de la couverture : Bernard Langlois
Illustration de la couverture : Dreamstime
Conception graphique : Sandra Laforest
Infographie : Claude Bergeron

Imprimé au Canada

DISTRIBUTEURS EXCLUSIFS :

- Pour le Canada et les États-Unis :
  MESSAGERIES ADP*
  2315, rue de la Province
  Longueuil, Québec J4G 1G4
  Tél. : (450) 640-1237
  Télécopieur : (450) 674-6237
  * une division du Groupe Sogides inc., filiale du Groupe Livre Quebecor Média inc.

- Pour la France et les autres pays :
  INTERFORUM editis
  Immeuble Paryseine, 3, Allée de la Seine
  94854 Ivry CEDEX
  Tél. : 33 (0) 4 49 59 11 56/91
  Télécopieur : 33 (0) 1 49 59 11 33
  Service commande France Métropolitaine
  Tél. : 33 (0) 2 38 32 71 00
  Télécopieur : 33 (0) 2 38 32 71 28
  Internet : www.interforum.fr
  Service commandes Export – DOM-TOM
  Télécopieur : 33 (0) 2 38 32 78 86
  Internet : www.interforum.fr
  Courriel : cdes-export@interforum.fr

- Pour la Suisse :
  INTERFORUM editis SUISSE
  Case postale 69 – CH 1701 Fribourg – Suisse
  Tél. : 41 (0) 26 460 80 60
  Télécopieur : 41 (0) 26 460 80 68
  Internet : www.interforumsuisse.ch
  Courriel : office@interforumsuisse.ch
  Distributeur : OLF S.A.
  ZI. 3, Corminboeuf
  Case postale 1061 – CH 1701 Fribourg – Suisse
  Commandes : Tél. : 41 (0) 26 467 53 33
  Télécopieur : 41 (0) 26 467 54 66
  Internet : www.olf.ch
  Courriel : information@olf.ch

- Pour la Belgique et le Luxembourg :
  INTERFORUM BENELUX S.A.
  Fond Jean-Pâques, 6
  B-1348 Louvain-La-Neuve
  Tél. : 00 32 10 42 03 20
  Télécopieur : 00 32 10 41 20 24

Gouvernement du Québec – Programme de crédit d'impôt pour l'édition de livres – Gestion SODEC.

L'Éditeur bénéficie du soutien de la Société de développement des entreprises culturelles du Québec pour son programme d'édition.

Nous reconnaissons l'aide financière du gouvernement du Canada par l'entremise du Fonds du livre du Canada pour nos activités d'édition.

La vieillesse :
une merveilleuse étape de notre vie

Les
vieux

Rose Legault

BEACONSFIELD
Bibliothèque - Library
303 boul Beaconsfield,
Beaconsfield QC H9W 4A7

LES ÉDITIONS
Quebecor
Une compagnie de Quebecor Media

*À ma grande sœur Claire, âgée de 92 ans et demi,
qui déteste l'expression « les vieux ».*

Le plus tragique dans la vie, ce n'est pas la mort. C'est tout ce qui se meurt en nous alors que nous sommes encore vivants.

Avant-propos

J'aime et je respecte les personnes âgées. Ce qui m'attriste, par contre, c'est de constater leur grande fragilité en vieillissant. Pourquoi avons-nous aussi peur de vieillir? Pourquoi cette crainte qui nous habite? Est-ce la peur de la maladie qui nous inquiète ou celle de mourir seuls, dans l'oubli de notre propre famille? Ou bien serait-ce la peur du châtiment de Dieu? D'où vient cette solitude qui devient de plus en plus pesante avec l'âge? Les vieux vivent souvent entassés sur eux-mêmes, sans un seul regard pour l'autre, sans intérêt pour de nouvelles découvertes. Pourquoi le terme «vieux» agace-t-il autant, comme si le fait de le prononcer pouvait être offensant et faire mourir plus vite?

Il y a, par contre, des vieux extraordinaires, sages, qui savent en rire. «On meurt comme on a vécu», dit le proverbe. Pourquoi ne pas envisager de mourir en toute confiance, souriant, serein, heureux même? Il arrive que la vieillesse soit perçue par certains comme une grande injustice. Injuste envers qui et quoi? Ma recherche personnelle me conduit à faire une réflexion sur notre vieillesse. Je parle de l'importance de réfléchir à l'étape la plus importante de notre vie pendant que nous sommes *conscients*. Comment aimerions-nous mourir? Entourés des personnes que nous aimons, le cœur plein de reconnaissance pour la vie que nous quittons, ou seuls, affolés, le cœur sec? Préparer notre mort est un geste extrêmement important. Et, croyez-moi, ça ne fait pas mourir plus rapidement! La vie est courte même si nous mourons vieux.

Avertissement

Je me suis permis d'écrire franchement et sans détour sur les vieux d'une façon particulière et authentique. Tout au long de cet ouvrage, j'ai tenté d'exposer ce sujet en toute simplicité et en tout respect envers les personnes âgées que j'aime. C'est en les observant que j'y suis arrivée. Pour moi, le fait d'employer le terme « vieux » ne se veut nullement irrespectueux. Être vieux, c'est une étape dans la vie. Merci d'en tenir compte.

J'ai eu le privilège de rencontrer toutes sortes de vieux. Des vieux en santé tant physiquement que psychologiquement; des vieux allumés et conscients tout comme des vieux aigris, malades, éteints, voire inintéressants. J'ai aussi vu des vieux vieux qui sont plus jeunes que les jeunes vieux car ils sont vivants en dedans!

Vous aurez compris que cet essai n'est pas une étude exhaustive sur les vieux. Je laisse donc aux spécialistes plus compétents que moi le soin de le faire.

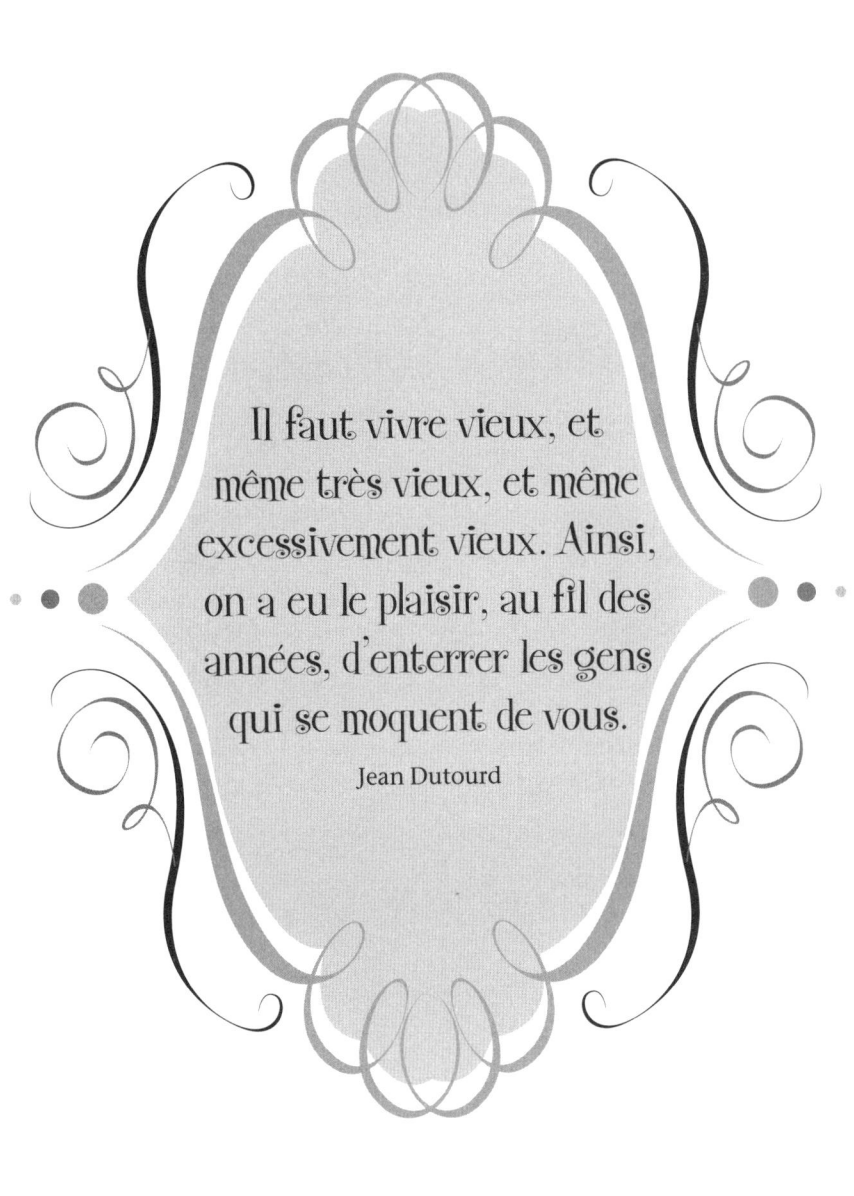

Il faut vivre vieux, et même très vieux, et même excessivement vieux. Ainsi, on a eu le plaisir, au fil des années, d'enterrer les gens qui se moquent de vous.

Jean Dutourd

Depuis peu, j'habite une résidence pour personnes âgées autonomes. À mon grand étonnement, j'aime l'endroit, et pour plusieurs raisons, dont celle de pouvoir observer de plus près le phénomène de la vieillesse. Il y a deux sortes de vieux: les vieux jeunes et les vieux vieux. Pour moi, être vieux, c'est d'abord un état d'esprit. On peut être vieux à 40 ans et jeune à 90 ans. Le vieux jeune est alerte et curieux, épris de la vie comme de l'amour, de la culture comme de la beauté qui l'entoure, faisant fi de la laideur morale, de la médisance. Trop occupé à continuer de s'instruire, à connaître le monde d'ici et d'ailleurs et souvent doté d'une mémoire phénoménale, il nous traduit les événements du passé tout en s'en affranchissant; il s'intéresse à l'actualité et, de surcroît, il se porte garant de notre culture et de notre émancipation politique. C'est le sage que beaucoup d'enfants rêvent d'avoir comme grands-parents.

Il m'est donc devenu plus facile et agréable de discuter avec ces vieux jeunes de différents sujets d'actualité. Il m'arrive même d'aborder des sujets plus délicats, plus personnels, comme la politique, la religion... Leur délicatesse d'esprit et de cœur rend nos rencontres intéressantes. Leur jugement sûr et leur intelligence sensible leur imposent, au moment de nos rencontres, d'éviter de parler de leurs souffrances morales. L'humour reste le stratagème privilégié pour éviter de se plaindre ou d'y penser.

Les vieux

Quant aux vieux vieux, leur esprit semble plutôt fermé. La plupart du temps, ils ne jurent que par leurs valeurs traditionnelles et ne manifestent aucunement l'intention d'en changer. Certains évitent d'aborder des sujets épineux tels que la mort, la sexualité, etc. Pour une bonne partie d'entre eux, Dieu est le maître absolu de leur destinée, de leurs épreuves. Pour eux, ainsi va la vie, et l'on ne peut rien faire pour y changer quoi que ce soit. L'attente est souvent longue avant de mourir, et parfois, une phrase leur échappe: «Pourquoi le bon Dieu ne vient-il pas me chercher?» Ils n'ont d'autre choix que d'attendre passivement l'heure prévue. Ces personnes âgées ne vivent que pour les valeurs prônées par la religion catholique. Leur vie s'est alors construite dans l'appréhension du mal, assujetti aux épreuves qui s'y rattachent. Toute conduite déviant de la pensée du salut éternel est dévastatrice. La maladie, tout comme la vieillesse avec ses handicaps, constitue l'épreuve qu'ils doivent endurer pour mériter leur entrée au paradis. À plusieurs reprises, j'ai tenté de provoquer une réflexion là-dessus, malheureusement je n'ai pas réussi!

Les principaux sujets de conversation des vieux vieux se résument à la banalité d'une existence sans histoire. La température qu'il fait, le coût de la nourriture qui vient d'augmenter, les nouveaux arrivants, bref, on parle des choses toutes simples de la vie courante. Des sujets qui m'intéressent peu, même si j'en reconnais l'importance!

Au fond, c'est peut-être moi qui manque de compréhension à leur endroit. C'est certainement en raison du fait que je suis née 20 ans trop tôt, avant mon temps, quoi! À 76 ans, je conduis une Beetle de couleur vert pomme, avec toit ouvrant, svp! Quand je roule avec ma voiture, certains résidants, des vieux jeunes, me regardent passer avec un sourire presque complice, alors que d'autres semblent plutôt sceptiques. Ma façon de vivre, de penser et d'agir n'est nullement conforme à celle des vieux vieux. Mes goûts penchent davantage vers des auteurs plus philosophiques; mais attention, il m'arrive de lire des romans policiers avec suspense assuré (ce qui en surprend plusieurs) au lieu de romans d'amour qui ne me disent rien. J'adore aussi le cinéma et les discussions qui suivent autour d'un film que j'ai aimé ou pas. Le plaisir de l'indignation ou de l'argumentation me semble plutôt absent dans le discours des vieux vieux. Des sujets tels que l'incinération ne les « allument » pas du tout; leur premier choix consiste à se faire enterrer dans une tombe. S'il est question d'euthanasie, c'est la même chose: très peu de vieux seraient en faveur. Pour l'avortement, c'est le scandale assuré pour plusieurs. Quant à l'homosexualité, alors là, c'est un sujet tabou, un grave péché selon eux. Ici, je ne pourrais aborder librement ces sujets qu'avec une infime minorité.

J'ai du mal à croire l'âge que j'ai! Je me souviens encore d'événements marquants de ma tendre enfance. Alors que, toute petite, j'observais ma mère en cachette avec une curiosité trop aiguisée pour mon âge selon certains, je me rappelle combien elle me paraissait vieille à 50 ans! Je la vois encore avec son chignon en torsade et ses robes fades. Pauvre maman! J'étais convaincue de ne jamais me rendre à cet âge-là! À l'époque, 50 ans, c'était très vieux, alors qu'aujourd'hui, c'est un âge plutôt passionnant! À tous les *baby-boomers* qui sont dans la cinquantaine et qui ont la peur de vieillir, si vous saviez comme vous êtes jeunes!

Voilà, c'est maintenant mon tour de faire partie des vieux! Inimaginable! À vrai dire, ça ne me fait pas peur! Par contre, s'il m'arrivait d'atteindre le grand âge (je ne suis pas certaine que ça me tente), je souhaiterais être une vieille heureuse, rayonnante de joie et de lucidité. Pour ce faire, depuis quelques années, soit depuis que j'ai eu 65 ans, j'essaie de me préparer à bien vieillir. Je n'ai pas une minute à perdre vu le temps qui passe si rapidement!

En vivant dans un établissement de personnes âgées, j'en vois défiler de toutes les sortes. Lorsque je croise l'un de ces visages ridés et que j'y perçois la plénitude de l'être et l'amour de certains plaisirs de la vie, ou quand j'y vois la tristesse ou la rancœur, cela me réconforte sur la condition humaine et, bizarrement, davantage sur la mienne. Récemment, j'ai fait la rencontre d'une belle dame qui devait avoir plus de 85 ans. Sa présence et, surtout, son sourire me réjouissent chaque fois que je la vois. C'est comme si elle vivait dans un état de béatitude éternelle. Oh! que la vie est belle! Le fait de pouvoir la rencontrer, c'est comme recevoir le souffle de l'Esprit saint, dirait le plus sérieusement du monde Mme Sanschagrin, une sainte femme.

Petit clin d'œil, je dirais qu'il existe certains avantages mineurs à être vieux. N'avons-nous pas le privilège d'obtenir de nombreuses réductions dans les pharmacies, les transports publics ou autres? L'argent investi dans une assurance maladie commence à rapporter des dividendes, non? L'arthrite dont nous souffrons nous indique la température à venir d'une façon beaucoup plus exacte que ne le prévoient les météorologues... Plus sérieusement, parmi les avantages de faire partie du vieil âge, il y a toutes nos expériences passées, et c'est la qualité de ces expériences qu'il nous est possible de transmettre à nos enfants, lesquels pourront, à leur tour, les léguer à leurs propres enfants. C'est ainsi que se forment les civilisations à travers l'histoire. Au fond, nos enfants seront un peu ce que nous sommes, mais en mieux parce qu'ils auront eu davantage de choix et de possibilités. Aujourd'hui, les jeunes peuvent voyager plus librement dans les livres et par Internet, bien sûr, mais ils ont surtout la possibilité de voyager dans le monde entier. Les veinards!

Parfois, le silence des vieux vieux me trouble! On a l'impression que plus ils vieillissent, plus ils se taisent. Il y a un mutisme chez eux qui ne cessera jamais de m'étonner! Dans certaines circonstances, il leur semble difficile, voire impossible, de donner ouvertement leur opinion par rapport à un événement qui les concerne et qui pourrait être très grave! Serait-ce la peur de déplaire aux autorités en place? Je ne peux cacher mon inquiétude! Dernièrement, il est arrivé une situation qui m'a fait réaliser le sérieux d'un problème qui aurait pu être très grave. Une nuit, vers une heure du matin, l'alarme de ma résidence a sonné. En ouvrant la porte de mon appartement, j'ai constaté qu'une seule personne était sortie. Par la suite, j'ai appris que plus de 75 % des résidants n'avaient pas entendu l'alarme sonner. Du sixième étage, j'avais dévalé les escaliers en deux temps, trois mouvements jusqu'au rez-de-chaussée pour voir ce qui se passait. Les pompiers étaient déjà sur place. Une vingtaine de résidants en robe de chambre attendaient de savoir, tel que le stipule le règlement, s'il s'agissait ou non d'une fausse alarme. Une fois rassurés, les gens ont regagné leur appartement.

Quelques jours plus tard, le président de notre résidence nous faisait parvenir une lettre visant à nous sécuriser. On nous expliquait alors que la demeure était à l'épreuve du feu. On avait simplement omis de nous dire que la fumée aussi pouvait tuer. J'avais vivement protesté contre cet argument dans le petit bulletin de la résidence rappelant aux autorités que, grâce à Dieu, c'était une fausse alerte. Mais, avais-je insisté, si cela s'était vraiment produit, aurait-on pu imaginer la suite? J'avais raison de m'inquiéter, car une catastrophe semblable s'était produite dans deux résidences de personnes âgées, l'une au Lac-Saint-Jean et l'autre à Sherbrooke. Cette tragédie avait coûté la vie à plusieurs personnes. Malgré ces faits connus, le président, loin d'être de mon avis, avait prétendu dans une autre lettre que je m'étais énervée pour rien et que j'avais fait peur aux résidants. J'avais simplement suggéré l'installation d'un système central qui relierait des micros dans chacun des appartements. Ce qui, selon mon analyse, aurait permis à tout le monde d'entendre le signal d'alarme en cas de feu.

Par la suite, je me suis longuement interrogée sur le fait que peu de gens avaient ressenti le besoin de protester contre la possibilité d'un tel danger! Quelques semaines plus tard, des rumeurs me sont parvenues; pour un certain nombre de vieux, la peur de recevoir une bonne augmentation de loyer avait circulé, leur causant ainsi un stress inutile. Oui, mais les autres, ceux qui sont en mesure de payer plus cher, pourquoi sont-ils restés silencieux? Quand on habite une résidence comme la nôtre, on ne peut en aucun cas être mis à la porte. Mais si la santé d'un locataire décline gravement au point où il ne peut plus vivre seul à cause de chutes probables, il est possible que la direction lui offre d'autres établissements qui répondraient davantage à ses attentes. Les vieux devraient faire attention aux rumeurs qui courent! Après cet événement, j'ai cultivé l'espoir que la direction prendrait éventuellement certaines précautions pour améliorer le système d'alarme. On verra bien!

J'ai souvent noté aussi que, dans notre société, il arrive régulièrement que les vieux soient traités comme s'ils souffraient d'une certaine déficience intellectuelle ou comme si leur capacité de comprendre était amoindrie. C'est d'une telle tristesse! Il y a même des résidences de personnes âgées où la direction est portée à penser davantage au bon fonctionnement budgétaire ou organisationnel qu'aux résidants. C'est la réalité d'aujourd'hui, oui, mais pas celle de demain, car la bonne nouvelle – et je m'en réjouis – est que les *baby-boomers* arrivent, et leur entrée dans les résidences pour personnes autonomes obligera les directions à faire preuve de prudence. En effet, elles auront à faire face à des gens plus scolarisés, ayant eu à se battre avec force et courage contre le patronat pour défendre leurs droits relatifs à la syndicalisation professionnelle, entre autres choses. Ces personnes habituées aux batailles pour défendre leurs points de vue ne se laisseront pas impressionner aussi facilement par toute forme de chantage, contrairement à la plupart des vieux d'aujourd'hui. Peut-être est-ce ce que l'on appelle l'évolution d'une société.

Je viens d'apprendre une bonne nouvelle: la direction a décidé d'améliorer le système d'alarme dans chacun des appartements. Cela permettra aux résidants, aux sourds pas sourds, de l'entendre sonner en cas de feu. Bravo!

La peur de vieillir

Depuis quelques années, je m'interroge beaucoup sur notre peur de vieillir. Le monde dans lequel nous vivons nous renvoie une image plutôt négative du vieil âge. Si, par surcroît, la santé se met à vaciller, la situation peut devenir problématique. Dans notre société, les nouvelles technologies prendront de plus en plus de place, parfois au détriment des valeurs humaines. Même si les vieux vivent plus longtemps, leur longévité n'est pas nécessairement un gage de bonheur. La vieillesse semblera donc, pour certains, une dure épreuve à traverser, alors que pour d'autres, plus réalistes, ce sera l'indice d'une réalité à laquelle personne ne peut échapper. Dans ce cas, il importe de préparer sa vieillesse avec lucidité, car c'est la clef du bien-vivre.

D'abord, il faut nous résigner à faire le deuil de notre jeunesse et accepter les rides qui apparaissent, tout comme le fait de voir notre corps s'étioler. Pour y arriver, il faut changer notre façon de penser, cesser de ressasser les mauvais souvenirs et nous orienter vers tout ce qui nous reste à découvrir. Puis, il faut réaliser que la vieillesse n'est pas du temps perdu parce que celui-ci nous permet de retrouver une certaine liberté, celle d'agir autrement en nous inventant une façon

Il faut devenir vieux de bonne heure pour rester vieux longtemps.

Caton l'Ancien

d'être plus réjouissante, plutôt que d'appréhender la mort avant le temps. La curiosité se développant, des choix de vie insoupçonnés s'ouvrent devant nous. Le fait d'attiser notre curiosité nous permet de continuer d'apprendre et de nous épanouir plus librement. Sinon, nous risquons de devenir de plus en plus aigris ou maussades au point de voir fuir tout le monde autour de nous. Michel de M'Uzan, éminent neuropsychiatre français, disait: « Vieillir, c'est se mettre complètement au monde avant de disparaître. Permettre à son Soi, à son Être essentiel, de se manifester. C'est donc tout un travail de conscience. » Cette pensée de l'auteur peut éveiller en nous une réflexion profonde pouvant nous conduire à l'épanouissement de soi.

D'ailleurs, au Japon, il existe une île appelée Okinawa, où vivent des centenaires heureux. La doyenne a 115 ans. Des chercheurs du monde entier ont tenté de connaître leur secret. Il est vrai qu'un climat tempéré les favorise, mais la nourriture qu'ils consomment serait en grande partie responsable des bienfaits de leur longévité. De plus, les Japonais mangent peu, lentement, en savourant chaque bouchée. La nourriture n'explique pas tout, bien sûr! Le bonheur d'être vieux, semble-t-il, tient surtout à leur état d'esprit et au développement d'une vie sociale très organisée. Chez ces centenaires réside une conscience spirituelle élevée, nourrie par des pratiques telles que la méditation, l'attention au présent, la pensée positive, la confiance en soi dans les difficultés et l'optimisme. Ces vieillards possèdent la faculté de ne pas se laisser abattre et de rebondir; on appelle cela le courage de vivre. La participation à la vie communautaire se résume en quelque sorte à la pratique du jardinage, à la marche, au taï-chi, et plus encore. L'esprit d'entraide y est très enraciné. Quelle intéressante et belle leçon de vie!

En me référant à la vie au Japon, je me demande pourquoi nos sociétés occidentales, en particulier dans les résidences pour aînés au Québec, sont aussi individualistes et souvent réfractaires à l'entraide. Je suis certaine qu'il serait possible de nous engager davantage en aidant les vieux qui en ont le plus besoin avec plus de générosité et d'amour en leur rendant de petits services comme faire leurs courses en cas de besoin et les accompagner chez le médecin. Il y a tant de façons de donner un coup de main! Mais tout cela doit se faire discrètement pour leur éviter un sentiment de malaise.

La peur de vieillir me ramène à la question: qu'est-ce qu'être vieux? À vrai dire, je ne le sais pas vraiment, car je ne me sens pas encore vieille même si j'en ai l'âge. En y réfléchissant, je pars du principe qu'être vieux n'est pas une maladie. C'est d'abord et avant tout une étape dans la vie, la dernière étape. Ce n'est pas nécessairement l'âge d'or non plus (cette expression me dérange!), mais le vieil âge a ses côtés formidables, et c'est cela qu'il faut trouver. Être vieux, c'est d'abord posséder un état d'esprit sain, lequel coïncide souvent avec esprit libre. Être vieux signifie qu'il n'y a aucune barrière à franchir. Aujourd'hui, la technologie évolue sans cesse et rapidement. L'éveil à la connaissance est surhumain. Il devient donc de plus en plus essentiel de se réserver des moments de silence. Malheureusement, cela va à l'encontre de la société actuelle où le bruit tient lieu de passe-temps ou fait oublier l'ennui. C'est en lisant *L'esprit de solitude* de

Jacqueline Kelen que j'ai pu comprendre certaines choses. Elle écrit: «Le sentiment de solitude traverse l'existence de tout être qui pense et qui ressent. Il touche tant le domaine affectif que le monde de l'âme; quant à la solitude, elle ne représente pas une fatalité mais une liberté!» Ce que je comprends, c'est que la solitude s'avère le contraire de l'égocentrisme, du repli sur soi et de la revendication pour sa petite personne. Démocrite, un philosophe grec, écrivait: «Même dans la solitude, ne dis rien, ne fais rien de blâmable. Apprends à te respecter beaucoup plus devant ta propre conscience que devant autrui.»

Le solitaire sait qu'il a beaucoup à apprendre alors que la plupart des gens ne cherchent qu'à enseigner ou à avoir des disciples. Le solitaire aime lire, écouter, réfléchir; il mûrit ses pensées comme ses sentiments. La solitude est une école de respect de l'autre et de la maîtrise de soi. J'adore cette phrase de Mme Kelen: «La solitude est un cadeau royal que nous repoussons parce qu'en cet état nous nous découvrons infiniment libres, et que la liberté est ce à quoi nous sommes le moins prêts.» Pour moi, vivre pleinement sa solitude est un beau cadeau de la vie. Je dirais même que la solitude devrait être assumée dès le jeune âge. Pourquoi faut-il toujours craindre pour le jeune qui aime s'isoler? Il ne faudrait pas sauter aux conclusions et croire que son isolement est synonyme de fuite de la réalité. Probablement que dans sa solitude, il se recompose, se réinvente. Et pour ce faire, il se met à l'écoute de son univers intérieur, de ses intuitions, il réfléchit mieux, il se bâtit! Cela me rappelle l'histoire vraie d'un ami qui me racontait que lorsqu'il était enfant, il aimait se retrouver seul dans les champs à lire en cachette plutôt que d'aller aider son père à la ferme. Il a été souvent malheureux de se faire traiter de paresseux par sa mère qui ne comprenait pas son attirance pour les livres.

Toujours selon Mme Kelen, « il y a deux sortes de solitude. Celle que l'on choisit, elle égale liberté; et celle que l'on subit et qui amène une souffrance d'abandon, ça s'appelle isolement ». C'est cette solitude-là qu'il faut éviter. J'ai l'impression qu'il y a beaucoup de vieux qui vivent cet état d'abandon; ils se laissent détruire intérieurement alors qu'ils devraient savourer une paix intérieure bien méritée. Je suis certaine que l'expérience de la solitude permet de développer une réflexion plus profonde, d'abord sur nous, puis sur le monde qui nous entoure. Une solitude bien vécue donne le pouvoir d'assumer les épreuves et de tenir bon en évitant les jugements de valeur. La solitude nous conduit vers une liberté totale car nous sommes enfin capables de prendre notre place et de l'assumer, en sachant ce qui est bon pour nous. C'est l'une des choses extraordinaires que la vieillesse nous apporte.

Les tabous

Parler des vieux vieux, c'est aussi parler des tabous qu'ils cultivent encore aujourd'hui. À l'évidence, si on ne veut pas créer de conflits, on doit donc éviter certaines discussions. Dans ma tendre enfance, à la maison, on ne parlait jamais des trois sujets suivants: la politique (parce que si on ne voulait pas perdre son travail, il fallait voter du « bon bord »), la sexualité (parce que c'était laid, mal et, surtout, péché, bien que je n'aie jamais compris pourquoi mon père et ma mère ont conçu 16 enfants!) et la religion (parce que la religion catholique était l'infaillible vérité qu'il ne fallait jamais remettre en question).

D'abord, la politique. Mon père était du bord des «bleus», le Parti national, remplacé aujourd'hui par le Parti conservateur. Des souvenirs pénibles me reviennent. Dans les années 1940, mon père travaillait comme commis à la Commission des liqueurs, aujourd'hui appelée la Société des alcools. Lorsque les bleus étaient au pouvoir, mon père était assuré de garder son travail. Par contre, si les rouges (le Parti libéral) arrachaient le pouvoir aux bleus, mon père perdait son emploi. Je le sais parce que j'ai vu ma mère pleurer chaque fois que papa perdait son emploi, et elle pleurait souvent.

Un jour plutôt gris du mois de juin, j'avais aperçu ma mère, blottie sur le sofa, qui pleurait en cascade. Je l'entendais dire: «J'ai 14 bouches à nourrir [elle avait fait deux fausses-couches], que vais-je faire, mon Dieu?» Je venais juste de rentrer de jouer dehors pour aller aux toilettes. J'avais serré les cuisses en voyant ma mère pleurer et je m'étais cachée derrière le sofa: ses épaules sautaient de désespoir! Sans comprendre ce qui se passait, j'avais observé la scène, le cœur bien gros. À ce moment précis, j'aurais tout donné pour soulager ma mère. C'est alors qu'une pensée a traversé mon esprit: «Si je disparaissais, ça lui ferait une bouche de moins à nourrir.» Ma grande sœur Clara m'a brutalement ramenée à la réalité. Elle m'a poussée vers la porte pour retourner jouer dehors. J'ai complètement perdu mon enthousiasme! Quelques heures plus tard, j'ai surpris une conversation entre papa et maman. C'est là que j'ai compris que la politique était responsable du désespoir de ma mère! Tout au fond de moi, j'avais crié: «Salope de politique, attends que je grandisse, maudite!»

Puis, la sexualité. «Dieu que c'est laid, le sexe!» disait ma mère. Étant donné que j'ai été élevée dans un monde de vertus, je me compte chanceuse aujourd'hui de pouvoir dire que je n'ai jamais eu peur du sexe. J'ai même beaucoup aimé quand je l'ai découvert, à 30 ans.

Par contre, selon ma mère, j'ai commis mon premier péché mortel à l'âge de quatre ans. Cette fois-là, j'avais été sévèrement punie. Pourtant, la journée avait bien commencé: je jouais au cow-boy avec mon petit voisin du même âge. Dans le jardin, on courait à qui attraperait l'autre le premier avec un petit fusil en bois. À un moment donné, mon ami s'était arrêté de courir, avait ouvert son pantalon et avait sorti un tout petit «machin» avec lequel il s'était mis à arroser les choux du potager de ma mère. Surprise tout autant que fascinée, je m'étais approchée pour mieux voir. C'était incroyable: de l'eau sortait de son ventre! Pendant que mes yeux n'en finissaient plus d'admirer les prouesses de mon ami, je fus surprise par ma grande sœur, toujours la même! Clara s'était approchée de moi par-derrière en évitant de faire du bruit. Elle m'avait attrapée par le bras, l'avait serré avec force en me traînant dans la maison. Le visage rouge de gêne, elle avait raconté à maman ce qu'elle pensait avoir vu. C'est là que j'ai eu ma première punition: «Tu viens de commettre un gros péché mortel, ma petite! Pour ta pénitence, tu vas aller te coucher sans souper!» Il était trois heures de

La différence entre les jeunes et les vieux, c'est que les vieux ont beaucoup plus de souvenirs et beaucoup moins de mémoire !

Paul Ricœur

l'après-midi. Malgré les émotions des dernières minutes, je n'avais pas tellement pleuré. J'étais restée longtemps couchée, les deux mains croisées derrière la tête pour essayer de comprendre. Puis, le ventre vide, je m'étais endormie jusqu'au petit matin. Je dois dire que ma mère était extrêmement pudique. Je me souviens quand elle nous lavait. Une fois par semaine, elle prenait une grande cuvette qu'elle remplissait d'eau. Comme j'étais la benjamine, l'eau avait une couleur assez bizarre quand mon tour arrivait. Maman nous plaçait dos aux garçons pour éviter qu'ils voient nos parties intimes. Mais ils étaient malins: ils trouvaient toujours le moyen de se faufiler pour en voir un peu plus. Dans ce temps-là, ma mère se mettait en colère, mais elle n'arrivait pas à les dompter.

Enfin, la religion. J'avoue avoir été profondément marquée par la religion dans mon enfance. L'enseignement religieux de l'époque a eu des effets pervers sur bon nombre de Québécois qui, par la suite, ont délaissé la pratique religieuse. À l'âge vénérable de 85 ans, ma mère m'a raconté comment, après sa septième grossesse, fatiguée, épuisée, découragée, elle était allée se confesser au curé du village nouvellement arrivé pour lui dire qu'elle ne voulait plus avoir d'enfants. Celui-ci l'avait religieusement écoutée, puis la sentence était tombée: «Madame, vous devez faire votre devoir conjugal. Si vous vous refusez à votre mari, vous commettrez un péché mortel et, dans ce cas, je ne pourrai vous donner l'absolution.» Pauvre maman! Elle est allée consulter un autre curé plus âgé, convaincue qu'il serait davantage compréhensif. Malheureusement, ce dernier a appuyé la décision de son confrère. Maman a donc continué de fabriquer des enfants, des tas d'enfants... la plupart non désirés! En repensant à cela, je sens encore la révolte monter en moi. C'est à partir de ces événements de mon enfance, comme le chapelet en famille obligatoire, les bras en croix, que j'ai commencé à me méfier du Dieu de mes parents.

À cette époque, la religion décidait à notre place, nous interdisait de réfléchir, de poser des questions. C'était dans le but de nous convaincre que seul Dieu avait le pouvoir de tout régler sur cette terre. En agissant ainsi, on retirait à l'homme son pouvoir de libre arbitre. Autrement dit, à force de tout remettre entre les mains de Dieu, on enlevait à l'humain le droit de penser.

Au fond de moi, je reste convaincue que le plus important pour l'être humain est sa liberté de penser et de choisir. Je regrette de ne pas avoir suivi de cours de philosophie à l'école quand j'étais jeune! C'est à ce moment qu'on doit apprendre à réfléchir, dans le but de se former pour devenir de meilleures personnes.

Il y a longtemps que j'ai compris que ce ne sont pas les religions qui nous enseignent à réfléchir. Bien que je sois athée, je crois en Jésus l'homme et j'aime cet homme! Mon amour pour lui vient de ma tendre enfance. Lui et moi avons plusieurs choses en commun: comme lui, je déteste l'injustice; comme lui, j'aime et respecte les animaux. L'histoire de Jésus est pourtant toute simple. Quand j'étais petite, je l'aimais parce que je le trouvais doux. En vieillissant, j'ai voulu en savoir un peu plus sur lui. C'est ainsi que je me suis mise à

Ma nouvelle vie

chercher et à lire des textes très intéressants le concernant. Je suis allée voir dans les conciles et j'y ai trouvé des renseignements très instructifs sur l'histoire de Jésus. Notamment dans le concile de Constantinople (381), 300 ans après la mort de Jésus, son message d'amour avait déjà été oublié. C'est clair, Jésus a toujours prôné un seul message: «Aime ton prochain comme toi-même.» Ce message d'amour inconditionnel, c'est-à-dire le vrai message de Jésus, se trouve dans l'Évangile. C'est en lisant ces textes que j'ai compris que l'Évangile avait été écrit bien longtemps après la disparition de Jésus. On y explique qu'au début il y avait des disciples, une communauté chrétienne qui suivait scrupuleusement l'enseignement de tel ou tel sage. Voilà qu'en Orient, plus de 300 ans après la disparition de Jésus, le pouvoir politique s'empara de la secte autrefois chrétienne pour en faire un instrument de puissance politique avec, à sa tête, un empereur romain: l'Église. Et celle-ci va s'approprier l'histoire de Jésus. C'est alors qu'a commencé un temps d'obscurantisme qui a connu son apogée avec l'Inquisition. Plus je lisais, plus j'étais révoltée de notre ignorance concernant Jésus. Cela confirmait que toutes les interdictions reçues dans mon enfance avaient un lien avec ma réflexion présente. Dès lors, j'ai réalisé que l'Église a toujours été contre la connaissance et que son pouvoir reposait uniquement sur l'ignorance des gens. On a fait de l'engagement de Jésus un enseignement qui n'a aucun lien avec la vraie histoire. On a ainsi fondé une nouvelle religion avec plus de tabous, on a créé de toutes pièces des personnages, on a inventé toutes sortes d'histoires au nom de Jésus pour accumuler plus de pouvoir.

Les vieux

Personnellement, j'ai décidé de m'en tenir à l'enseignement de Jésus. Je continue d'ignorer l'enseignement religieux de mon enfance qui me parlait d'un Dieu inimaginable qui pardonne et n'aide que ceux qui en font la demande. Juste à y penser, je m'emporte encore!

En vieillissant, ne serait-il pas approprié de faire un grand ménage dans nos pensées? Les peurs que nous cultivons depuis des siècles ne seraient-elles pas une conséquence de notre enseignement religieux? La réflexion nous appartient!

La génération des femmes comme ma mère a eu des vies difficiles. Elles ont fait d'ultimes sacrifices en s'accrochant à l'espoir qu'un jour les portes du ciel leur seraient ouvertes. Elles ont travaillé à la sueur de leur front sans jamais se plaindre. Pauvres femmes, je les imagine pleurer en cachette! Pour ces raisons, bien que je ne partage pas leurs croyances, je les respecte et je les aime. Si je compare les vieux vieux d'aujourd'hui avec les vieux d'autrefois, je ne vois pas tellement de différences dans leur façon d'être.

On me demande souvent comment pensent les vieux vieux. Comment le saurais-je? Ils ne parlent pas vraiment de leurs sentiments intimes. Les vieux vieux d'aujourd'hui semblent craindre encore le châtiment de Dieu, ils participent aux offices religieux et demeurent fidèles à leurs croyances. J'entends constamment des vieux me dire: «C'est la volonté de Dieu.» Oui, cela me dérange, mais je ne dis rien. C'est pourquoi j'ai tendance à croire qu'ils ne sont pas tellement différents des vieux d'autrefois. Quant aux autres tabous, dont le sexe, les vieux vieux n'en parlent pas. Ils n'abordent pas ce sujet, et je peux le comprendre. En ce qui concerne la politique, je me demande s'ils s'y intéressent, car ils demeurent silencieux sur le sujet.

Les vieux jeunes qui vivent ici sont différents. Il y en a plusieurs nouveaux qui ont emménagé au cours des six derniers mois. J'ai l'impression qu'ils s'assument davantage et, en général, ils n'ont pas peur d'émettre leurs opinions. Je suis convaincue qu'ils sauraient intervenir si besoin était.

Le quotidien

Dans ma résidence, il faut être autonome, c'est-à-dire être capable de gérer ses affaires seul, car il n'y a aucun service. C'est probablement la raison qui justifie le coût raisonnable du loyer. C'est un OSBL, c'est-à-dire un organisme à but non lucratif. En venant vivre ici, les personnes âgées ont vendu leur grande maison pour occuper un logement plus petit. Elles ont déménagé en toute confiance, espérant y finir leurs jours, et je connais peu de gens qui ne soient pas heureux d'y vivre. Il y en a même qui sont ici depuis plus de 20 ans. D'autres, qu'on appelle les nouveaux arrivants, comme moi, viennent de prendre leur retraite. Ils ont fait le choix de vivre dans un bel environnement et en plein cœur de Montréal. C'est une aire de repos assez exceptionnelle avec de beaux espaces verts et un petit centre commercial tout à côté. Par contre, il faut de la patience, car une fois l'inscription faite, il y a près de 10 ans d'attente avant d'obtenir un logement. Ici, il y a plus de femmes seules que je ne le croyais (par exemple, des veuves qui ont perdu leur mari après de nombreuses années de vie commune). Elles s'y sentent en sécurité et je les comprends. Les résidants profitent des loisirs offerts. Il y a le bingo tous les jeudis soir. Je ne sais si c'est un loisir intéressant puisque je n'y participe pas, mais à voir le nombre de participants, en majorité des femmes, il doit bien y avoir quelque chose qui m'échappe! Il y a aussi le billard. J'ai suivi trois leçons pour apprendre à manier une baguette, puis j'ai délaissé parce que je ne suis pas tellement douée, je crois. L'été, il y a la pétanque. Alors là, les joueurs sont très nombreux. Chaque soir, plusieurs vieux, en majorité des vieux jeunes, se rassemblent pour jouer une bonne partie de pétanque. Il y a également des activités organisées pour certaines occasions où des musiciens sont invités, comme à la Saint-Valentin. Une ou deux fois par année, on peut assister à des concerts de musique classique, une activité que je privilégie.

J'essaie de comprendre comment vivent les gens de 70, 80, 90 ans... J'allais dire comment ils pensent... Les vieux qui vivent ici sont pour la majorité en forme. Ceux qui commencent à éprouver des problèmes de santé sont prudents. En les observant, il est facile de lire la crainte sur le visage de certains de devoir partir un jour... pour aller habiter où au juste? Vieillir, c'est aussi faire face à toutes sortes de réalités qui peuvent paraître très difficiles à envisager. Hélas, personne n'y échappe!

Je constate aussi que les vieux ont souvent peur de déranger. Cela pourrait expliquer le fait qu'ils s'empêchent d'entrer en relation avec leur voisin ou peut-être qu'ils ne sont tout simplement pas intéressés à établir des relations sociales plus approfondies. Chacun fait sa petite affaire. Il se peut aussi qu'en vieillissant on n'ait pas tellement le goût d'entendre les doléances de tout un chacun, mais… Comme j'utilise le terme « vieux », et que je le fais consciemment, voilà qu'une dame très âgée (92 ans) que j'aime beaucoup me disait l'autre jour ne pas supporter cette expression. Je lui ai tout de suite demandé pourquoi. Malheureusement, et à ma grande surprise, elle a été incapable de me répondre. Était-ce la peur de passer pour vieille? Si tel était le cas, elle ne l'aurait jamais avoué! Voilà pourquoi je recommence mon explication. Il n'est pas question pour moi d'employer les expressions « personnes âgées », « personnes de l'âge d'or » et « aînés » pour désigner des personnes à l'étape du vieil âge. Il faut s'assumer! J'illustre ainsi mon propos: le bébé qui vient au monde est d'abord un poupon, qui devient un bébé, puis un jeune enfant, ensuite un adolescent. Il passe ensuite au stade de jeune adulte, puis d'adulte qui se dirigera tranquillement vers le monde des vieux.

Ce que je trouve fascinant en vieillissant, c'est que le sens de la vieillesse, pour moi et pour d'autres, n'est plus la performance mais la maturité. Je crois dur comme fer qu'être vieux est l'étape la plus importante d'une vie! Pour moi, c'est celle de la vraie liberté. Une vie bien remplie nous apporte une expérience extraordinaire de connaissances diverses. Ce sont justement ces dernières qui donnent tout son sens au mot « liberté »! Notre expérience de vie nous apprend que vieillir avec intelligence, c'est accepter ce que l'on ne peut changer et qu'il vaut mieux se tourner vers tout ce qui reste à découvrir et à réaliser, même rendu au vieil âge. À l'âge de la retraite, on devrait continuer de partager son temps et s'engager dans des milieux différents dans le but de partager son savoir avec les plus jeunes et également apprendre à les écouter. Je me rappelle avec plaisir une pensée de Jean Cocteau qui disait: « J'aime vieillir. L'âge apporte un calme, un équilibre, une attitude. L'amitié et le travail tiennent toute la place. » Quelle magnifique réflexion!

À l'endroit où j'habite, il y a quelques couples de vieux qui font du bénévolat. L'autre jour, j'ai croisé un homme et une femme qui partaient faire des livraisons de repas le midi pour ceux qui ne cuisinent plus. Depuis des années, ils ont une routine qui ne change pas. Tous les jours, la dame âgée de 80 ans se met au volant et le mari s'assoit côté passager. Ils partent le sourire aux lèvres faire leur travail. Je les admire et les encourage. Voilà une belle leçon d'entraide faite avec humilité et générosité!

Il y a aussi cette dame de 80 ans qui fait des choses que peu de vieux réalisent: des sauts en parachute. Quand je lui demande si elle a peur, elle répond sans hésitation: « Ce n'est rien à côté des manèges de la Ronde. » « Pardon? » ai-je demandé sans vraiment y croire. Depuis des années, dès qu'il commence à faire beau, Gertrude se rend à la Ronde. Elle part assez tôt le matin avec son sac à dos, son lunch et sa bonne humeur, puis elle va essayer les manèges, surtout les plus dangereux. Il faut la voir quand elle raconte les sensations qu'elle éprouve! Je l'écoute, bouche bée! Je sais que je ne pourrai jamais essayer les manèges dangereux de la Ronde. Jamais! Cette même dame fait également du sport tous les jours. Elle marche tellement vite que moi, qui croyais avoir un bon pas, suis une tortue à côté d'elle. J'admire en outre son courage. Depuis les dernières années, elle a trouvé le moyen de passer au travers d'une épreuve difficile. Malgré un mari malade qu'elle garde à la maison, elle s'organise pour faire des activités qu'elle aime, sans le priver, tout en se respectant. C'est fascinant de constater à quel point il y a des vieux qui sont vivants en dedans; Gertrude en est la preuve!

Par contre, je constate qu'il y a des vieux plus moroses, et je me demande souvent pourquoi. Je les imagine pleurer en cachette. Se sentent-ils mis de côté, oubliés, abandonnés? Je pense à ceux qui vivent dans des habitations de personnes âgées, peu importe le milieu social ou financier. J'ai également noté qu'en vieillissant les deux préoccupations majeures des gens sont l'argent et la maladie. Je me dis qu'au lieu de parler en termes de maladies, on devrait plutôt envisager notre vie en termes de santé. Faire plus d'exercice, mieux se nourrir, lire, aller au cinéma, aider les autres devraient constituer les préoccupations majeures des vieux. Je connais un homme qui commence à être vieux en âge – il a 78 ans –, mais ça ne paraît pas. Je n'ai jamais vu un être humain faisant preuve d'une telle minutie, encore moins s'il s'agit d'un homme! Il fait attention à sa santé à un point tel que ça en est quasiment gênant! Tous ses aliments sont mesurés, étudiés, comparés. Aucun gras trans n'entre dans sa maison. Il prend le temps de lire les étiquettes deux fois plutôt qu'une. Son taux de cholestérol est une perfection! Il faudrait le filmer quand il se fait une salade, c'est le pied, croyez-moi! Il coupe tous ses ingrédients préalablement lavés en petits morceaux (légumes, fruits, gingembre, ail) et utilise la meilleure huile qui existe sur le marché. Ça lui aura pris une bonne demi-heure peut-être, mais ce n'est rien à côté du plaisir qu'il éprouvera à la manger.

Je parle de cet homme parce qu'il a conscience de sa santé. Non, il ne fait jamais d'excès. Et pour ceux qui privilégient la santé à la jouissance purement physique, c'est un modèle à suivre! Je parierais qu'il n'a jamais mangé une poutine de sa vie. Je me dis que sans aller aussi loin que lui, on devrait suivre un peu son exemple. Bien s'alimenter et faire de l'exercice. La santé ne s'achète pas; elle s'entretient. Nous sommes tous responsables, jusqu'à un certain point, de notre santé. Par le fait même, bien vivre sa vieillesse devrait être l'intérêt principal de tous les retraités. Les vieux méritent d'avoir une fin de vie heureuse et sereine. J'insiste pour dire qu'il ne faut pas anticiper la maladie avant qu'elle arrive, car il se pourrait fort bien qu'elle n'arrive jamais! J'ai beaucoup de plaisir à voir certains couples de vieux qui font leur marche quotidienne d'un bon pas, en se tenant la main. Curieusement, ils sont plus rayonnants que d'autres qui ne bougent jamais.

Depuis mon arrivée ici, je connais plusieurs personnes, mais il se peut que la plupart d'entre elles me connaissent davantage en raison de l'histoire du feu et de ma protestation qui a suivi. Pour les vieux vieux, j'ai été une surprise, celle qui a osé contester une situation. J'ai toujours agi comme cela. Quand je vois une ineptie ou une injustice se produire, je réagis aussitôt. Pour les vieux que je dérange ou qui n'aiment pas mon style, je ne leur en veux pas. Ainsi va la vie. On côtoie toutes sortes d'êtres humains, certains plus ouverts que d'autres.

Quelques observations

Il y a des habitudes que les vieux adoptent et qui m'étonneront toujours. Par exemple, pourquoi tant d'entre eux ont-ils pris l'habitude de marcher le dos très courbé ? On dirait qu'ils portent un lourd fardeau sur leurs épaules. Serait-ce le poids de leur vie ? Pour ceux qui souffrent d'arthrite ou qui ont un problème majeur au dos, je peux comprendre; pour les autres, ils ne voient pas tout le tort qu'ils se causent. Redresser le dos, pour moi, c'est rendre hommage à la vie. De plus, c'est important pour la santé; ça aide le cœur à mieux respirer et ça donne au corps l'esthétisme et la dignité qu'il mérite, même s'il est vieux. Je connais une femme de 91 ans qui marche toujours la tête haute, le dos bien droit. Lorsque je la vois traverser la rue, canne en main, je me dis que cette personne est fièrement en vie.

Il y a aussi des femmes âgées qui marchent dans la rue en tenant leur sac à main du bout des doigts et qui le balancent en avant et en arrière... Combien de fois les ai-je avisées de faire attention, surtout l'été, à cause des nombreux vols. La police a beau leur dire d'être prudentes, on dirait qu'elles ne réalisent pas la gravité de la situation. Que dire de celles qui font une simple marche de santé en traînant leur sac à main! Pour illustrer mon propos, voici une histoire qui m'est arrivée il n'y a pas si longtemps. J'allais prendre le métro quand j'entends hurler une femme qui pointe du doigt un jeune garçon qui fuit en courant: «Eh, reviens, redonne-moi mon sac! Madame, madame! Ce gamin a volé mon sac, faites quelque chose, de grâce!» Je ne fais ni un ni deux et cours après le garçon que je réussis à attraper, pas mal plus loin. Il

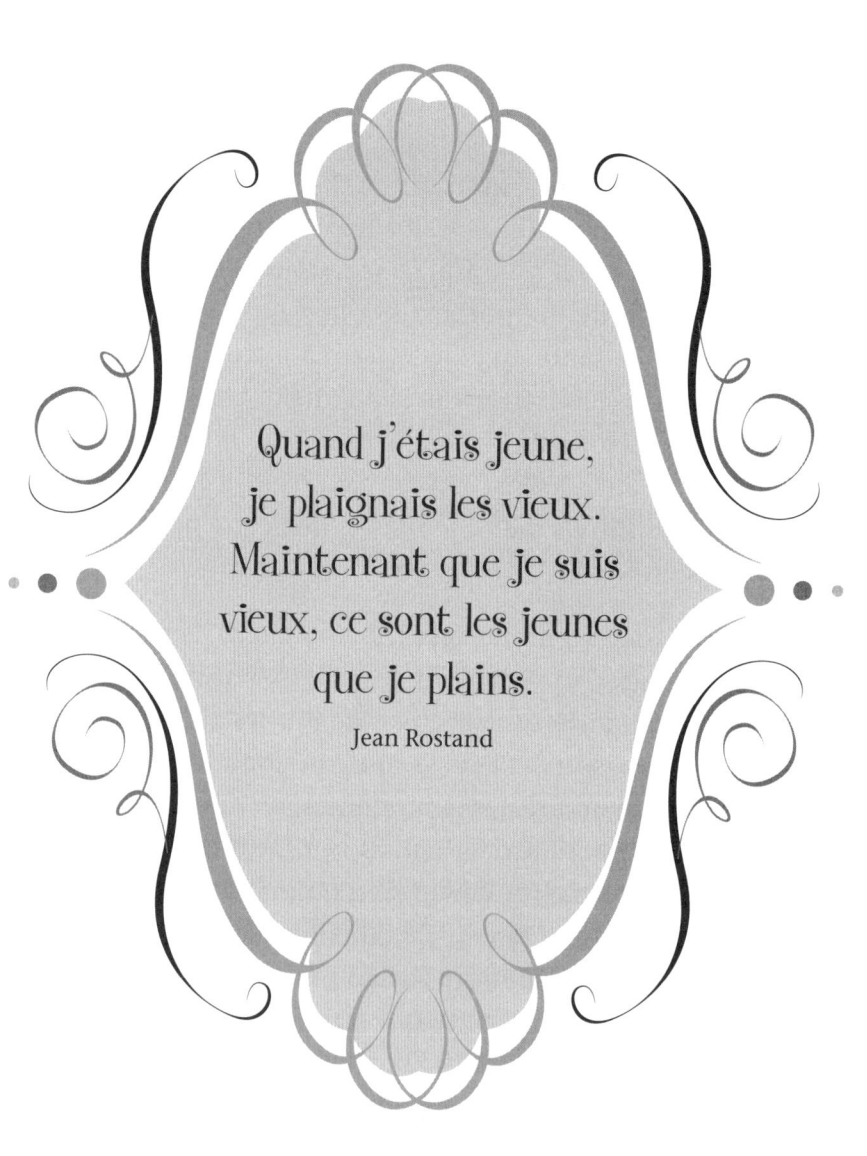

Quand j'étais jeune, je plaignais les vieux. Maintenant que je suis vieux, ce sont les jeunes que je plains.

Jean Rostand

était si agité que j'ai supplié un passant de m'aider à le tenir. Ce petit garçon d'une dizaine d'années volait régulièrement des personnes âgées. Aujourd'hui, il avait attendu qu'une vieille dame sorte de la banque pour lui chiper son sac à main. La pauvre femme venait tout juste d'encaisser son chèque de pension.

Pendant qu'un passant charitable tenait fermement le petit garçon, j'ai appelé la police, puis je suis revenue vers la vieille dame pour lui remettre son sac. Nous étions cinq personnes à attendre que la police complète son rapport. Le petit garçon a refusé de répondre aux questions du policier, mais quand celui-ci l'a menacé de l'emmener au poste et d'appeler ses parents, il a retrouvé la parole. Oui, il volait régulièrement avec un autre petit garçon du même âge après l'école. Il dépouillait surtout les vieilles personnes, car elles n'étaient pas assez rapides, avait-il dit. Quoi de plus facile pour une personne en vélo de tirer sur le sac et de fuir avec celui-ci. Combien de fois me suis-je arrêtée pour suggérer aux vieilles personnes d'utiliser les poches intérieures de leur manteau pour éviter des vols de sacs, mais... Il faut admettre que plusieurs vieux n'aiment pas perdre leurs vieilles habitudes, même s'ils sont avisés du danger. Il y a beaucoup plus de jeunes enfants qui volent les vieux, et moi je me demande: où sont les parents?

Parmi les mauvaises habitudes des vieux, il y a celle des conducteurs hésitants qui ne savent jamais à quel moment ils doivent embrayer. Je trouve exténuant de suivre ces chauffards trop âgés qui ne savent pas s'ils doivent tourner à gauche ou à droite. Je comprends qu'ils doivent éprouver des difficultés en raison des réflexes qui diminuent avec l'âge. J'imagine que le fait de remettre son permis peut être un gros deuil à faire pour plusieurs, mais c'est normal quand l'âge nous y oblige. Il y a des vieux qui conduisent encore bien parce qu'ils ont une bonne capacité visuelle et auditive. Ce n'est pas le cas de tous! L'autre jour, j'ai été forcée de dépasser un vieux par la droite. Une fois à sa hauteur, j'ai aperçu comme un long cou qui s'étirait, les deux mains cramponnées au volant comme s'il ne voyait rien devant. Ce genre de comportement est très dangereux, tant pour lui que pour celui qui le suit. Personnellement, je me dis que le jour où je ne serai plus en mesure de conduire correctement, je remettrai mon permis en me souvenant de toutes ces années où mes yeux en santé me permettaient de voir les autres sur la route.

Après plus de 50 ans de conduite automobile, je n'ai jamais perdu un seul point d'inaptitude. Je dirais même que les conducteurs comme moi et qui ont mon âge devraient être récompensés pour avoir un tel dossier de bonne conduite – une suggestion à la Société de l'assurance automobile, soit dit en passant! À défaut de ne plus pouvoir conduire, je conseillerais aux vieux d'acheter, par exemple, un chien. Ainsi, ils pourraient se promener tranquillement tous les deux. Si c'est le chien qui mène, comme cela arrive souvent, ça ne constituera pas un danger public.

Les vieux en général ont l'habitude de souper tôt. Avant, je ne comprenais pas, mais depuis que j'habite ici, j'ai commencé à le faire, et je ne m'en porte que mieux. Le midi, je n'ai jamais faim; je me reprends donc le soir. J'avoue y trouver un avantage majeur, celui de me coucher sans me sentir gonflée. Par le fait même, je dors mieux.

Dans un tout autre ordre d'idées, dans mon immeuble, les chiens ne sont pas acceptés. D'ailleurs, aucun animal n'est toléré ici. Je me demandais pourquoi. La réponse m'a été apportée par une vieille résidante. Elle m'a affirmé que les personnes à blâmer sont toujours celles qui ne font pas attention à leur bête, comme empêcher leur chien de japper ou ne pas ramasser les excréments. Si c'est un chat, la litière n'est pas toujours changée, de sorte que les odeurs traversent les murs. Je suis en accord avec cette dame, même si je trouve cela malheureux pour ceux qui aiment les bêtes! Lorsque j'ai emménagé ici, j'ai dû me séparer de mon petit caniche blanc. C'était une adorable femelle qui répondait au prénom de Sophie, mais que j'appelais Fifi en raison de sa féminité. Je vivais avec elle depuis 11 ans. Nous l'avions adoptée à l'âge de deux mois. Elle faisait partie de notre vie. Durant les deux dernières années que nous avons passé ensemble, je faisais de la zoothérapie avec elle. J'avais constaté toute la joie qu'elle procurait aux vieilles personnes. Le fait de l'avoir donnée m'a bien sûr brisé le cœur, mais heureusement, mon amie, une psychothérapeute pour enfants endeuillés, l'emmène avec elle pour rencontrer des enfants tristes. Ce petit caniche flaire ceux qui sont meurtris. Elle se laisse généreusement prendre et caresser. L'autre jour, une petite fille de cinq ans venait de perdre sa mère. Seule dans un coin, elle pleurait. Mais quand Sophie l'a vue, elle a filé tout droit vers elle. Pendant les deux heures qui ont suivi, la fillette l'a gardée dans ses bras, l'a flattée, l'a embrassée. Elle était si heureuse! Une fois la séance terminée, la petite est allée voir la psychothérapeute pour lui dire: «Madame, Sophie est un vrai détecteur de peine, car elle a compris que j'en avais beaucoup.» En apprenant cela, j'avoue avoir ressenti à la fois une grande tristesse pour l'enfant et une grande joie. J'avais perdu ma petite chienne, oui, mais elle rendait des enfants heureux. J'étais comblée!

J'ai toujours cru aux bienfaits de la zoothérapie pour les personnes âgées. Les animaux sentent la douleur de leur maître et, dans ces moments, ils lui portent une attention toute spéciale. Je le sais car je l'ai souvent observé. On a démontré qu'une personne âgée ayant un chien ou un chat se sent moins seule, car elle a l'impression d'avoir un ami qui l'écoute et la console. J'ai souvent vu des chats se coucher sur la partie malade d'un corps, ce qui procurait un bienfait presque immédiat. Je pourrais parler longtemps des animaux qui m'ont tant donné! Je me souviens tout particulièrement d'un de mes bergers allemands qui m'a carrément sauvé la vie en se jetant sur des hommes en état d'ébriété; ils étaient venus chez moi, sachant que j'étais seule un soir de grande noirceur. Si mon berger allemand n'avait pas été là, ces hommes m'auraient attaquée… C'est pourquoi je dis que les animaux sont importants pour ceux qui les aiment.

On parle des bienfaits des animaux pour les vieux, mais plusieurs résidences interdisent d'en posséder un. Pourrait-on proposer une piste de solution?

Parmi les vieux qui vivent dans mon immeuble, il existe toutes sortes de personnalités. Certaines sont cultivées, curieuses, raffinées, discrètes, généreuses. Celles-là m'attirent,

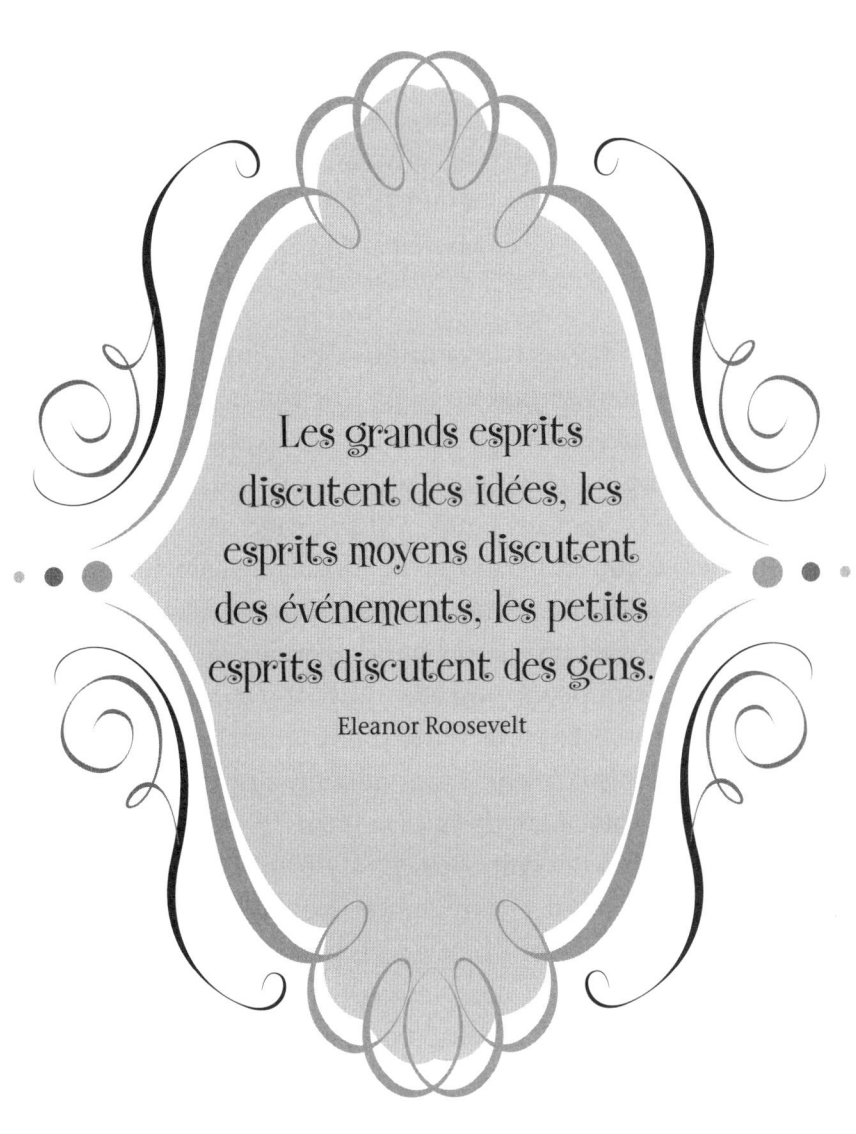

Les grands esprits discutent des idées, les esprits moyens discutent des événements, les petits esprits discutent des gens.

Eleanor Roosevelt

et j'avoue rechercher leur compagnie. Il y a aussi des vieux exécrables et qui, en fait, l'ont toujours été. Il est clair qu'en les observant vivre je développe un esprit critique qui peut paraître sévère à l'occasion, mais je le répète, j'aime les bons vieux: ceux qui n'ont pas peur de reconnaître leur vieillesse, ceux qui sont reconnaissants envers la vie, ceux qui aiment rire, ceux qui continuent à leur façon de rester en vie, ceux qui savent partager. C'est à parler avec eux que j'ai découvert leur valeur.

Par contre, et je suis certaine que c'est comme ça partout, il y a un bon pourcentage de vieux (surtout des femmes) qui adorent commérer. On les voit chuchoter quand on passe à côté en faisant mine de rien. C'est agaçant, oui, mais inintéressant. Mieux vaut les ignorer. Il m'arrive souvent de me demander ce que les personnes âgées font de leurs journées. Je sais qu'en général elles ne vont pas au cinéma. Malheureusement, je ne le saurai probablement jamais puisqu'elles ne parlent pas. Je soupçonne qu'elles doivent regarder beaucoup la télévision. C'est une activité commune chez les vieux. Dire qu'autrefois il n'y avait pas de télévision. Les vieux ne lisaient pas ou peu, mais dans les maisons, il y avait plusieurs berceuses et bien des crachoirs! C'est un souvenir d'enfance que je ne peux oublier: mon grand-père qui se berçait en fumant sa pipe et qui crachait en visant directement le crachoir. Je ne sais pas si dans les résidences pour personnes âgées d'aujourd'hui il y a encore de ces berceuses. De gros fauteuils bien rembourrés ont probablement pris la place. Au fond, pourquoi pas?

Quand je pense aux vieux, je ne peux passer à côté de ceux qui surprotègent leurs enfants; ils les défendent et refuseraient même de les dénoncer en cas d'abus. Même si c'était le pire crétin, rarement un vieux n'osera parler contre son enfant, pas plus qu'il n'avouera le chantage dont il est victime, comme la privation de nourriture. Que penser des enfants qui viennent chercher l'argent de leurs parents au premier jour du mois? Cela arrive partout, que ce soit à domicile ou dans des centres d'accueil. Cette situation s'est récemment produite dans un centre d'accueil du sud-est de Montréal. Un fils est venu voir sa mère et il l'a battue parce qu'elle refusait de lui donner de l'argent. Abominable! La vieille ne l'a pas dénoncé. Ce sont des employés qui ont vu la scène et qui sont intervenus. Comment expliquer que cette femme âgée garde le silence sur ces nombreux abus? Serait-ce la crainte d'être abandonnée qui expliquerait cela? Quelle tristesse! Malgré le malaise que je ressens à repenser à cette affaire, je déplore le fait que l'on ne peut pas aider une personne qui refuse de dénoncer son agresseur. Voilà le problème!

Tout récemment, une autre vieille personne qui prend soin de son mari malade à la maison me racontait que son fils lui faisait souvent garder ses deux enfants parce qu'il n'avait pas de gardienne ou ne pouvait s'en payer une. Ainsi, la grand-mère se sentait obligée de garder ses petits-enfants, en plus de s'occuper de son conjoint malade. Pourquoi les vieux ont-ils autant de mal à dire non? Il est évident que les enfants ne devraient pas toujours compter sur leurs parents, en particulier lorsqu'ils sont malades! Malheureusement, c'est un problème répandu!

Dans les centres d'hébergement, c'est la même chose. Les vieux préfèrent se taire plutôt que de dénoncer. Récemment, une dame de 94 ans me racontait avoir donné de l'argent à une préposée pour obtenir un bain. C'est d'un air résigné qu'elle m'a dit: « Si tu as le malheur de salir ta culotte, tu dois attendre le bon vouloir de la préposée pour te laver, à moins que tu n'offres de l'argent. » Je ne mets pas en doute ce que m'a dit cette résidante et je maintiens qu'il faut dénoncer ces abus. À bien y penser, je crois que la peur des représailles explique en grande partie le silence des vieux. C'est donc à nous, en tant que société, d'être conscients de ce problème et de ne jamais hésiter à dénoncer tous les abus envers les vieux. Il ne faudrait jamais accepter qu'un vieux se fasse intimider par qui que ce soit et pour quoi que ce soit. *Jamais!*

Chapitre 2
La maladie

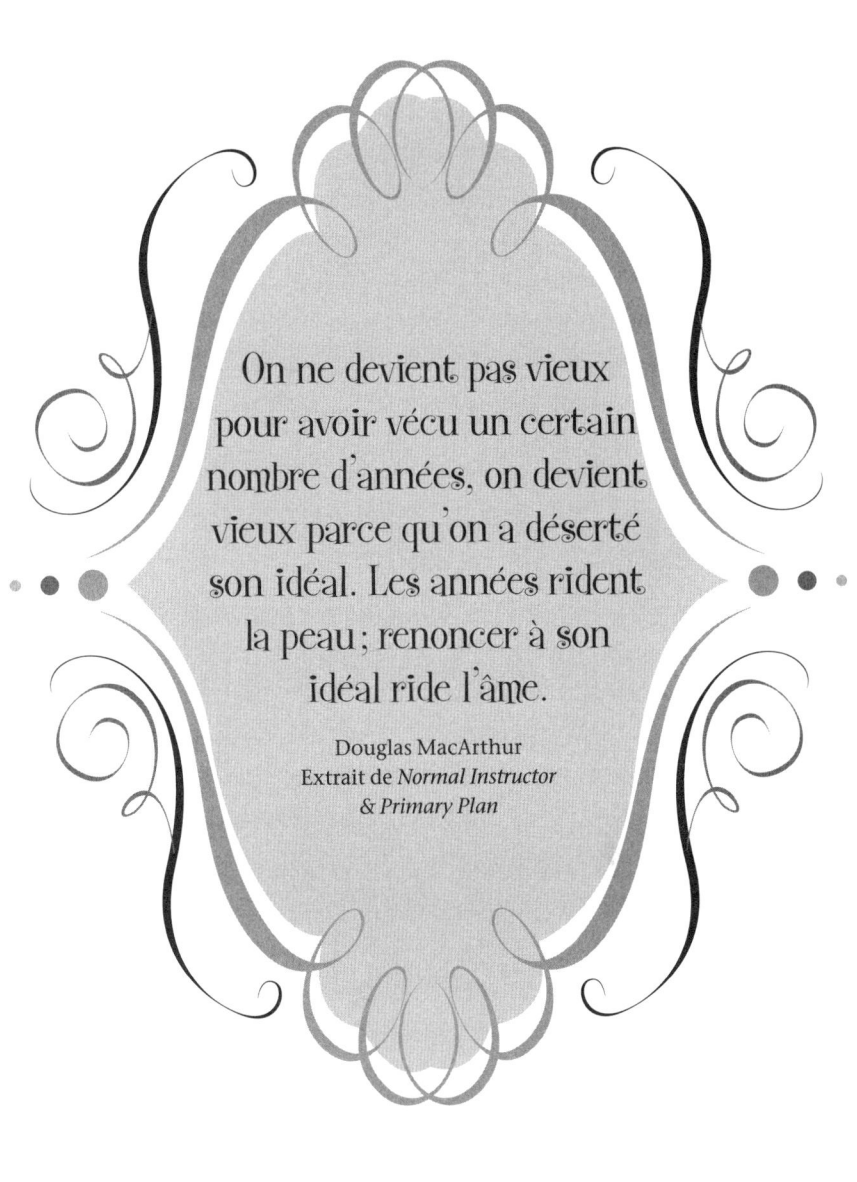

On ne devient pas vieux pour avoir vécu un certain nombre d'années, on devient vieux parce qu'on a déserté son idéal. Les années rident la peau ; renoncer à son idéal ride l'âme.

Douglas MacArthur
Extrait de *Normal Instructor
& Primary Plan*

Quand tu es vieux, mieux vaut être en santé. Je le sais parce que j'ai récemment subi deux opérations consécutives pour la thyroïde. Ça a été difficile! Se faire rabrouer à l'hôpital quand tu es vieux, ça fait mal parce que tu n'as plus l'énergie pour te défendre. À ma première nuit d'hospitalisation, j'avais dû sonner plusieurs fois, en majeure partie pour me plaindre de l'appareil à oxygène qui ne fonctionnait pas. Lorsque l'infirmier est entré dans ma chambre la première fois, c'était visible: sa patience était à bout. J'avais beau lui répéter que je ne recevais pas d'oxygène, il continuait d'affirmer que l'appareil fonctionnait. J'étais faible et en douleur, je l'avoue. Je lui ai répété que même si la machine émettait un son normal, je ne recevais toujours pas d'air. À sa troisième visite, il avait haussé la voix et n'arrivait pas à contrôler son impatience. C'est en soupirant qu'il a daigné lever les yeux de l'autre côté du lit et s'est aperçu de l'anomalie. «Ah! a-t-il dit, surpris et, je l'espère, un peu gêné. Je comprends… l'appareil n'est pas branché.» J'aurais aimé le voir cloué dans le lit à ma place. Il ne s'est pas excusé, il ne s'est pas adouci. Ce n'est que le surlendemain, au petit matin, qu'il m'a un peu jasé. Il me disait avoir été seul pour s'occuper de 35 lits. J'étais sur un étage de personnes fraîchement opérées ou en attente de greffe. À côté de ça, mon cas était bénin, même si je venais de me faire ouvrir la gorge…

Les vieux

Deux jours après être sortie de l'hôpital, une infection majeure m'a obligée à prendre de fortes doses d'antibiotiques. Un mois plus tard, à peine remise, le chirurgien m'apprend que je devrai subir une seconde opération. Cette fois, il enlèvera toute la thyroïde. Deux tumeurs malignes étaient apparues en de peu de temps. Surprise, j'ai demandé au médecin de me dire toute la vérité: «Docteur, est-ce cancéreux?» Après une courte hésitation, il a répondu: «Oui, madame, vous avez un cancer.» J'ai réussi à avaler ma salive sans m'étouffer. J'étais fâchée, je l'avoue, parce que je n'arrivais pas à comprendre pourquoi le laboratoire n'avait pas fait l'analyse de la biopsie prélevée lors de mon premier séjour à l'hôpital. L'explication est venue par la suite: les pathologistes de l'hôpital Notre-Dame travaillent à temps partiel et ce sont d'autres pathologistes d'hôpitaux différents qui viennent donner un coup de main au besoin. Croyez-vous que cela aurait dû me rassurer? Le patient, lui, se doit d'être très patient! Après l'annonce de mon cancer, toute seule pour digérer la nouvelle, j'ai mis quatre heures avant de reprendre mes esprits. Après une longue réflexion, je me suis dit: «Bof! C'est juste un cancer après tout, on verra bien!»

À ma seconde hospitalisation, ça s'est mieux déroulé. Cette fois, j'ai été placée dans un autre département où l'on a respecté mes besoins. Le personnel, plus gentil, me semblait davantage professionnel. Il faut avouer que j'avais porté plainte auprès de la commissaire de l'hôpital.

Parler de maladie chez les gens âgés, c'est beaucoup parler de cancer, comme celui qui nous arrive tout bêtement sans s'annoncer d'avance. La vieillesse est l'étape d'une vie où rien ne devrait nous surprendre. Des statistiques disent qu'entre 35 % et 45 % de gens font une grave dépression après l'annonce d'un cancer. Les réactions sont différentes chez les vieux; les uns acceptent de lutter alors que d'autres se laissent aller, refusent de s'alimenter, etc. Par ailleurs, une bonne majorité de vieux confient leur vie à Dieu afin qu'il intervienne en leur faveur et les guérisse! Une autre chose que j'entends souvent est: «Si le bon Dieu pouvait venir me chercher!» ou «Pourquoi le bon Dieu ne vient-il pas me chercher? Je suis prêt à partir!». L'autre jour, j'ai demandé à ce vieux monsieur de m'expliquer ce qu'il voulait dire par «Je suis prêt à partir». Il a simplement souri en haussant les épaules et je suis restée encore une fois sur ma faim.

Parler de maladie, c'est également parler des maladies dégénératives qui touchent bon nombre de personnes de tout âge et qui, malheureusement, n'iront pas en diminuant. C'est très pénible et frustrant pour la personne qui vit ce genre de maladie, mais ça l'est tout autant pour le conjoint. Je pense en particulier à la maladie de Parkinson. Je pourrais en parler très longtemps puisque je la côtoie depuis 13 ans déjà. Pour tout dire, c'est mon mari qui en est atteint et, par le fait même, je le suis aussi. Un vendredi matin de l'automne 1997, alors qu'il passait un examen annuel dans le bureau de notre médecin de famille, j'ai vu notre docteure hésiter un moment avant de dire: «Monsieur Simon, je vais vous envoyer consulter un neurologue.» C'est donc un mois plus tard, après un examen neurologique approfondi, que la nouvelle a tombé comme un couperet: «Monsieur Simon, vous avez la maladie de Parkinson», avait dit le spécialiste sans broncher. À ce moment précis, je ne réalisais pas que notre bonheur venait de prendre fin, que nos projets de voyage deviendraient impossibles, que la quiétude qui m'habitait disparaîtrait. Nous nous étions mariés deux ans auparavant et nous étions profondément heureux! Malheureusement, le bonheur ne dure jamais, dit la chanson.

En apprenant que Simon était atteint de la maladie de Parkinson, nous nous retrouvions sur un terrain inconnu. Pour nous, cela signifiait: tremblements. C'est pour comprendre cette maladie que Simon, toujours aussi curieux, a épluché tous les renseignements sur Internet et a lu des dizaines d'ouvrages sur la maladie de Parkinson et sur ses conséquences. La littérature dit, entre autres, que certaines personnes vont avoir des troubles essentiellement moteurs, sans atteintes cognitives ou comportementales autres que celles causées par l'âge; ou vont présenter des troubles intellectuels avec ralentissement du cours de la pensée, une perte de l'initiative, une démotivation, un désintérêt, des troubles du langage parlé et gestuel, à des degrés différents, selon les malades, et variables d'un jour à un autre, d'un moment à un autre, ce qui accroît, bien sûr, la perplexité de l'entourage.

La littérature insiste sur un déficit primordial, essentiel, même s'il est d'intensité variable également: le déficit verbal et gestuel de la communication, y compris de la mimique, de l'expression du visage: impression de non-partage, d'inaffectivité, d'égoïsme, voire de méchanceté, mais au fond ce sont les signes d'une grande détresse. La maladie de Parkinson

La maladie

frappe l'individu dans son fonctionnement physique et relationnel.

Ça me semblait si irréel que je faisais tout pour éviter d'y penser. Simon continuait de jouer du violon dans un groupe folklorique dont il était le président, et je consacrais mon temps à l'écriture. À ce moment-là, les symptômes de la maladie n'étaient pas très graves, et Simon était encore autonome. C'est avec le temps que j'ai vu s'amorcer une progression lente mais inexorable. Il a commencé à éprouver des difficultés avec les mouvements, son humeur a changé et il s'impatientait pour un rien. Nous avons ralenti nos sorties, sauf pour le cinéma. Tranquillement, je le voyais perdre sa vitalité un peu plus chaque jour. Puis, il commencé à éprouver de la difficulté à écrire, à jouer du violon, sans oublier les grandes douleurs que lui causaient ses jambes (il a même utilisé un fauteuil roulant pendant plus de six mois à cette époque), les troubles d'élocution. Lorsqu'il parlait, sa voix devenait inaudible à un point tel que les amis ne le comprenaient plus. Sans doute par malaise, ils ont cessé leur visite!

Dans une telle situation où la maladie progresse, c'est le conjoint qui doit prendre la responsabilité de la gestion quotidienne du foyer: les courses, les repas, le ménage, l'entretien de la maison, les contrats d'assurances, les déclarations de revenus, etc. C'est aussi lui qui doit gérer la maladie, les rendez-vous chez le neurologue, la prise de médicaments (extrêmement importants chez ce type de malades), le renouvellement des ordonnances, l'écriture de l'évolution de la maladie, les différences de comportements et l'aggravation éventuelle des signes... Et ce, en permanence, jour et nuit, pendant des années. Le plus accablant pour le conjoint est l'accumulation des problèmes mineurs, des petits riens qui ne prennent de l'importance que par leur répétition. Plus le malade est dépendant, plus le conjoint dépend du malade. En ce qui me concerne, même si j'étais fatiguée physiquement, j'avoue que je l'étais davantage psychologiquement.

J'ai pris soin de mon mari pendant plus de 10 ans. Si je n'avais pas été aidée par le CLSC de mon quartier, je ne m'en serais pas sortie. Une chose importante est qu'avant de penser à placer mon mari, j'avais fait une demande au centre de jour que Simon fréquentait. J'avais longuement réfléchi avant de leur faire cette proposition: au lieu de faire venir les usagers le matin, je leur avais suggéré de le faire en après-midi, entre 13 h et 19 h. Ce serait davantage apprécié, avais-je dit, car c'est plus utile et convenable pour l'usager et pour les conjoints. Malheureusement, cette demande n'a pas été retenue. Je crois que la direction trouvait trop compliqué et dérangeant le fait de penser l'horaire en fonction des personnes malades. J'en ai conclu, égoïstement peut-être, que les employés préféraient terminer leur journée de travail à 15 h plutôt qu'à 19 h. Le matin, la personne atteinte de la maladie de Parkinson est plus lente et doit prendre plus de temps pour tout faire. Se lever afin d'être prête à prendre l'autobus à 9 h, se dépêcher pour déjeuner, s'habiller, bref, tout demande un effort supplémentaire et lui cause un grand stress. Personnellement, j'aurais aimé que mon conjoint reste avec moi toute la matinée afin qu'il puisse tranquillement vaquer à ses occupations à son rythme. Le refus que j'ai essuyé m'a fortement déçue et c'est là que j'ai constaté que je ne pourrais tenir le coup bien longtemps. Plus le temps passait, plus je me sentais épuisée. Puis, un matin, nous avons eu la visite du travailleur social. Il nous observait, quand, tout à coup, il s'est adressé à mon mari: «Monsieur Simon, que pensez-vous de la fatigue de votre femme?» Je ne m'attendais absolument pas à la réponse de Simon. Il a répondu tout simplement: «Je crois que je devrais aller en institution.» Sur le coup, ce fut un choc pour moi. Je ne savais pas qu'il avait ressenti ma fatigue à ce point.

Dix ans après le diagnostic, c'est le cœur brisé que j'ai accompagné Simon au CHSLD pour une première visite. J'avais refusé l'hébergement à deux reprises à cause de l'éloignement. Heureusement, si je puis dire, le CHSLD où il réside est situé à deux minutes de chez moi, ce qui me permet de le visiter tous les jours et de répondre à ses besoins. Actuellement, Simon a beaucoup de mal à articuler. Il est donc difficile, voire impossible, de le comprendre. Il fait souvent des chutes, ce qui l'obligera, dans un avenir prochain, à utiliser un fauteuil roulant, ce qu'il refuse actuellement. Les problèmes cognitifs qui le touchent sont de plus en plus nombreux. En outre, c'est devenu quasi impossible d'avoir une conversation avec lui puisqu'il a de sérieux problèmes d'ouïe. Il porte deux appareils auditifs, et il y en a toujours un de défectueux. Parfois, j'en ai marre, car c'est toujours à recommencer et devant la gravité de la maladie de Parkinson, je n'entrevois aucun espoir de guérison pour le moment, du moins tant que les chercheurs n'auront pas trouvé la raison qui fait mourir les cellules essentielles pour le cerveau, cellules qui produisent la dopamine. Ces recherches sont capitales non seulement

Quatre-vingts ans ! Plus d'yeux, plus d'oreilles, plus de dents, plus de jambes, plus de souffle ! Et c'est étonnant somme toute comme on arrive à s'en passer.

Paul Claudel

pour la maladie de Parkinson, mais aussi pour toutes les maladies dégénératives.

Accompagner une personne dans cette maladie nous fait constater les limites à ne pas dépasser. Le matin où je me suis retrouvée si fatiguée, j'étais convaincue que c'en était fini pour moi. Je n'avais plus d'énergie, plus de rêves, je me sentais profondément seule. L'usure avait pris le dessus. Je me disais qu'il n'y avait plus d'avenir, je me sentais tellement impuissante! Placer un être que l'on aime dans un centre constitue une grande épreuve qui nous arrache le cœur. Il arrive même que l'on se sente coupable. Je remercie Simon d'avoir accepté d'aller en CHSLD.

À ma grande surprise, dès qu'il y est entré, il s'est rapidement adapté, beaucoup mieux que je ne l'aurais cru. Il participe aux activités, même à celles qui ne l'intéresseraient jamais comme le bingo. Il n'avait jamais joué au bingo. On m'a fait comprendre que c'était bon pour la concentration. Il continue de lire, travaille encore un peu à l'ordinateur même s'il éprouve souvent des problèmes techniques. Il suit même des cours de peinture et il m'étonne par certaines de ses œuvres. Je ne connais rien à l'abstrait, mais quand je vois Simon s'exprimer, je suis émue par les couleurs qu'il utilise. Voilà une chose que je ne connaissais pas de lui. Je dis souvent que la maladie de Parkinson est pire que toutes les autres maladies dégénératives, entre autres parce que les personnes atteintes en sont conscientes, malgré les apparences. Simon a la forme rigide du Parkinson, ce qui fait qu'il donne parfois l'impression de ne pas être content, car son visage n'exprime aucune émotion ni aucune réaction. Les visiteurs, mal à l'aise, ont tendance à se sentir visés. Ils espacent leur visite pour en arriver à ne plus venir du tout. Il faut dire que le problème de l'élocution chez les parkinsoniens est majeur, ce qui nous oblige donc à faire répéter. Quant à moi, j'ai réglé ce problème. Un jour, j'ai demandé à Simon de me dire ce qu'il préférait: le faire répéter ou faire semblant d'avoir compris. Après un moment d'hésitation, il a répondu: «Je préfère que tu me fasses répéter.» C'est ce que je fais, et je considère cela comme une marque de respect.

Pour les parkinsoniens, il y a aussi les choses courantes de la vie qui deviennent de plus en plus difficiles à réaliser, et Simon n'y échappe pas: lacer ses souliers, boutonner sa chemise. Comme tous les autres malades, il se sent diminué et impuissant à résoudre ces petits problèmes qu'il faisait tout naturellement auparavant. J'en ai réglé une partie: pour les chemises, les boutons ont été remplacés par du velcro; pour les souliers, le velcro a pris la place des lacets; et pour les pantalons, j'ai fait poser des boutons pression. Quand on voit son conjoint être aussi malhabile, ça nous fend le cœur.

À vivre autant de frustrations, on se rend compte du courage exceptionnel dont a besoin le malade, tout autant que le conjoint, pour passer au travers d'une telle épreuve! Malgré tout, je me compte chanceuse, car Simon n'a pas développé de dépendances graves comme le jeu, une catastrophe dans un couple.

Au début de notre rencontre, Simon et moi avons souvent discuté de la valeur de certains mots qu'on utilise sans vraiment réfléchir au sens qu'ils représentent, par exemple les mots «accepter» et «assumer». En ce qui concerne la maladie de Parkinson, je puis affirmer que nous ne l'accepterons jamais, mais nous travaillons à l'assumer. Assumer la maladie qui a volé nos rêves, notre quiétude et notre fin de vie! Cela dit, nous savons pertinemment que nous n'avons d'autre choix que d'assumer cette lourde épreuve.

Malgré la colère que je sens gronder en moi, je suis persuadée, même si j'en doute parfois, que cette expérience n'est pas là pour rien! Simon et moi comprenons que le fait de nous mettre en colère, de maudire le sort, de nous décourager ne changera pas le cours des événements. Après réflexion, je suis convaincue que les pensées positives détruisent les pensées négatives, aussi certainement que la lumière chasse l'obscurité. Cette étape de ma vie me porte à réfléchir et à lire des ouvrages sur le développement de la conscience.

Je n'ai nul besoin d'aller chercher des réponses en dehors de moi, car je sais pertinemment que tout est à l'intérieur de nous. Parfois, je me dis: «Et s'il n'y avait pas de réponse?» Je souhaite de tout cœur de toujours conserver la force de garder le moral. Hélas! je perds souvent courage et patience!

J'aimerais également ajouter toute l'admiration que j'éprouve envers ces hommes qui gardent leur épouse lourdement handicapée à la maison et qui s'en occupent. Des cas lourds, même très lourds! Je connais personnellement trois hommes qui font exactement ce dont je parle. Il y en a deux à la retraite, des professionnels, et le troisième qui travaille encore à titre de consultant. Quand je les rencontre, ils ne me donnent pas l'impression d'être fatigués! Ils sont plutôt souriants et on ne se douterait jamais de ce qu'ils vivent dans leur quotidien. On a tendance à dire que les hommes sont plutôt *fragiles* quand il est question de maladie. Prenons juste un rhume. C'est toujours plus grave. «Une vraie grippe d'homme», dit-on. Donc, ayant en mémoire ces images, je ne pouvais imaginer qu'un homme puisse prendre aussi bien soin de son épouse malade. Lorsque je les vois pousser le fauteuil roulant de leur épouse, je suis émue et surprise chaque fois! Je ne peux que louer leur courage. De plus, je ne les entends pas se plaindre en disant que leur fardeau est trop lourd. *Pourquoi?*

Ce matin, j'ai parlé avec un homme qui vient de perdre sa femme, emportée par une pneumonie après avoir été atteinte de la maladie de Parkinson pendant presque 20 ans. Son conjoint est toujours resté près d'elle et les deux derniers mois, il n'a pas quitté la maison. Il avait organisé la chambre de sa femme pour s'installer un bureau tout près afin de l'entendre dès qu'elle ouvrirait la bouche, dès qu'elle émettrait un son. Ce calvaire a duré des semaines et des semaines. Ce matin, il me disait regretter de s'être impatienté à certains moments. J'étais tellement triste de l'entendre pleurer! Il s'en voulait. Peut-on imaginer cela? Je n'arriverai jamais à m'expliquer comment la culpabilité peut ronger une personne et lui faire aussi mal. Je donnerais cher pour comprendre cela.

Les centres d'hébergement

Il est impossible de parler de la maladie sans parler des centres d'hébergement. Connaître les CHSLD est toute une expérience. Dans celui où vit Simon, il y a des cas très lourds. Sur son étage, une résidante est couchée, entourée d'oreillers; elle ne bouge pratiquement plus, ne parle pas, garde la bouche grande ouverte, l'œil hagard. Je ne l'ai jamais vue, ne serait-ce qu'une minute, assise ou en train de manger. Un après-midi, au moment où je passais devant sa porte, elle émettait des sons semblables à des pleurs étouffés. « Pauvre petit corps fini et totalement brisé », pensai-je. Je me suis arrêtée avec le désir d'y entrer, mais j'ai hésité. Une préposée s'affairait à lui trouver une position plus confortable. J'aurais voulu consoler cette femme, presque morte, lui dire de se laisser aller, de ne pas avoir peur. Une heure plus tard en repassant devant sa porte, j'ai revu ce corps minuscule bien emmailloté disparaître à nouveau sous les couvertures, la bouche grande ouverte. On ne l'entendait plus... comme si elle s'était éteinte, comme si elle était gelée, comme si elle était morte! Quelle vie! Je ne sais même pas si elle a de la famille. Quoi qu'il en soit, je ne vois jamais personne. Une autre abandonnée! Elle semble avoir perdu toute conscience. Au fond, c'est heureux pour elle. Je viens d'apprendre qu'elle est morte le soir où je l'avais vue. Veuillez me pardonner, mais je m'en réjouis pour elle!

Au même endroit, il y avait un petit monsieur que je voyais chaque jour. Il était en fauteuil roulant. Un jour, je me suis arrêtée pour lui parler. Lorsqu'il m'a appris qu'il avait la maladie de Parkinson, je me suis tout de suite intéressée à lui. À chacune de mes visites, il me parlait un peu de tout et de rien. Je ne voyais personne venir le visiter. Au centre, il assistait à tous les événements. Son regard était éveillé. Il n'avait pas de problèmes cognitifs, mais il faisait beaucoup de dyskinésie. Il bougeait constamment les bras, les jambes et la tête. C'était très pénible de le voir ainsi. Ça n'arrêtait jamais. Il y a quelque temps, il a été hospitalisé. Comme je ne faisais pas partie de sa famille, je n'ai pas posé de questions à l'administration afin de savoir ce qui s'était passé. Lorsqu'il est sorti de l'hôpital, je suis allée le voir. Il parlait faiblement et restait couché. Il avait des aiguilles dans le bras et était pleinement conscient. Je l'ai revu à quelques reprises. Un soir que j'étais au centre, j'ai pensé aller le saluer avant de quitter l'établissement. Comme il était 20 h, j'ai réfléchi avant d'entrer dans sa chambre. Finalement, j'ai décidé de remettre au lendemain cette visite par crainte de le déranger. Le lendemain matin, aux alentours de 10 h, je suis arrivée au centre au moment où une civière quittait l'endroit. Je me suis informée pour apprendre que l'homme était mort dans la nuit. Ai-je besoin de dire toute la peine que j'ai ressentie! Je m'en suis voulu de ne pas être allée le voir la veille pour lui souhaiter une bonne nuit. Je sais qu'en voyant son état je serais restée auprès de lui. C'est à la suite de cette expérience que je me suis juré de ne jamais plus remettre au lendemain ce que je pouvais faire le jour même. J'ai bien l'intention de respecter cette promesse!

Le manque de personnel dans les CHSLD est évident. Récemment, à l'heure du souper, il m'est arrivé de ne trouver aucun préposé pour régler le problème d'une dame qui, attachée à son fauteuil, était en train de glisser. Je sortais de l'ascenseur quand je l'ai vue appeler à l'aide. Par la suite, j'en ai fait part à la personne responsable de l'unité qui, de bonne foi, m'a affirmé que je devais me tromper, que c'était impossible qu'il n'y ait personne sur l'étage. Devant mon étonnement, elle a ajouté: «La préposée devait être occupée avec un autre patient.» J'avais vérifié pourtant! Puis, j'ai appris que la préposée était dans une chambre en train de coucher une patiente encore plus mal en point que les autres. C'est le manque de personnel encore une fois qui me surprend toujours!

J'ai compris, par certains regards furtifs, que je devrai faire attention pour ne pas me mettre à dos et la direction de cet établissement et les employés qui s'occupent de mon mari.

Dans ce centre d'hébergement, il y a également plusieurs personnes, en majorité des femmes, qui sont maintenues sur un fauteuil toute la journée. Quand il y a une fête, les préposées descendent les fauteuils dans la grande salle de loisirs pour distraire un peu ces grands malades. Cela me touche chaque fois. Lorsque j'observe les membres du personnel agir, je me demande si, à force de côtoyer autant de détresse, ils s'endurcissent. La semaine dernière, j'ai posé la question à un préposé d'expérience. Il a répondu calmement: « Non, cela ne m'attriste pas, car ce n'est pas moi qui suis malade. » Une bien sage réponse que je n'oublierai pas! Je sais pertinemment que la seule façon d'aider une personne qui s'achemine vers une fin de vie est d'éviter de prendre sa douleur sur soi, c'est-à-dire qu'il faut l'accompagner dans son cheminement de fin de vie avec sympathie plutôt qu'avec empathie. La différence est énorme!

J'insiste pour dire que le manque de personnel dans les établissements de santé est inquiétant. On me dit que c'est partout pareil! Il arrive que certains patients très malades occupent tellement la préposée que le temps peut lui manquer pour s'occuper de ceux qui n'ont plus de voix pour appeler à l'aide. Depuis ces dernières années, on embauche du personnel des minorités ethniques. Heureusement qu'on les a! J'avoue avoir développé une bonne complicité avec certaines, et j'ai même commencé à apprendre le créole. Les Haïtiennes ressemblent un peu aux Québécoises. Elles sont chaleureuses et d'un tempérament jovial. Je trouve enrichissant de faire la connaissance de personnes d'origines diverses. Avec les Africaines, c'est un peu différent. Elles insistent d'ailleurs pour dire qu'elles sont différentes des Haïtiennes. Ce sont des personnes éveillées, curieuses d'apprendre et compatissantes. J'ai aussi noté que des femmes d'origine arabe commencent à travailler dans les CHSLD. Je m'en réjouis! Je découvre un monde et une culture que j'ignorais et, franchement, je les trouve particulièrement intelligentes, discrètes et cultivées! C'est toujours un réel plaisir que de discuter avec elles. Je suis donc gagnante sur toute la ligne. J'ai également rencontré des employés qui étaient des professionnels dans leur pays, en particulier cette femme qui pratiquait la médecine depuis plus de 10 ans. Ici, elle occupe un poste de chef d'unité. Apparemment, les examens d'entrée au Canada pour les professionnels sont très rigoureux et découragent, semble-t-il, même les plus tenaces. Comment ne pas se poser de questions devant ce phénomène que je ne m'explique pas! Bien sûr, je ne connais pas les exigences du gouvernement canadien, mais quand on manque autant de médecins, on devrait laisser exercer ces nouveaux arrivants qui aimeraient démontrer leur compétence et leur savoir-faire sans que cela leur coûte une fortune. Ces professionnels ont justement choisi le Québec comme terre d'accueil et désirent s'impliquer.

Selon ma logique, ce serait avantageux pour tout le monde. Alors qu'est-ce qu'on attend? Cela dit, je me demande où sont nos toutes jeunes Québécoises. Est-ce la profession d'infirmière qui ne les intéresse plus? C'est dommage, infiniment dommage!

***

Je connais les CHSLD depuis deux ans et je constate à quel point ils sont importants pour la population. Ils sont non seulement nécessaires, mais aussi indispensables. Cependant, il y a des améliorations à apporter. Le ministère de la Santé et des Services sociaux devra injecter plus d'argent dans les centres d'hébergement afin de préserver la qualité tant du personnel que de l'administration. Le CHSLD où se trouve mon mari n'a plus de directeur depuis deux ans. Les conséquences se font sentir auprès des résidants, des visiteurs et des employés qui sentent le vide. Lorsqu'il y a un problème, ils sont obligés de s'adresser au chef d'unité qui, au fond, n'a pas tellement de pouvoir. J'en ai parlé avec une cadre responsable. Mon inquiétude l'a surprise. Selon elle, on n'a pas besoin de directeur, car le centre est trop petit. Dites-moi alors pourquoi y en avait-il un auparavant et que tout le monde aimait. C'est l'opinion de plusieurs personnes qui éprouvent la même frustration que moi! Là-dessus, je devrai faire mon deuil. Cependant, j'avoue perdre confiance en la direction… Je ressens cette désagréable impression qu'on répond souvent aux questions avec la langue de bois, et ça me déplaît au plus haut point.

Autre facteur important à améliorer: la climatisation. Pendant l'été 2010, il y a eu une canicule! C'était torride sur les étages, en particulier au quatrième où se trouve mon mari. Il n'y avait aucune aération. D'ailleurs, je plains sincèrement les employés qui travaillent à la grosse chaleur sans climatisation. Deux éventails faisaient leur possible, mais ce n'était pas assez! Je me suis informée et la réponse a été: «L'immeuble est trop vieux et ça coûterait trop cher pour installer une climatisation adéquate.» C'est plausible, mais bizarrement, dans les bureaux administratifs, il faisait plus frais... Cela dit, je m'inquiète, car on annonce un futur pas très réjouissant: le climat de la terre va se réchauffer. Je pense à l'enfer qu'ont vécu ces vieilles personnes vulnérables, malades, seules dans leur petite chambre, sans aération, et je me demande comment elles vivront dans l'avenir si rien n'est fait pour améliorer leur sort. Bon sang, suis-je la seule à m'inquiéter?

Récemment, j'ai appris que les CHSLD ont l'intention de mettre en place des milieux de vie qui offriront services et qualité dans un contexte épanouissant pour les résidants. Je souligne les efforts des personnes responsables, mais j'ai hâte d'en voir la réalisation! Il faudrait peut-être commencer par les urgences, soit engager plus de personnel et installer un système central d'aération sur tous les étages. Si cela se fait, je serai en mesure de dire que la direction travaille vraiment au mieux-être des pensionnaires.

***

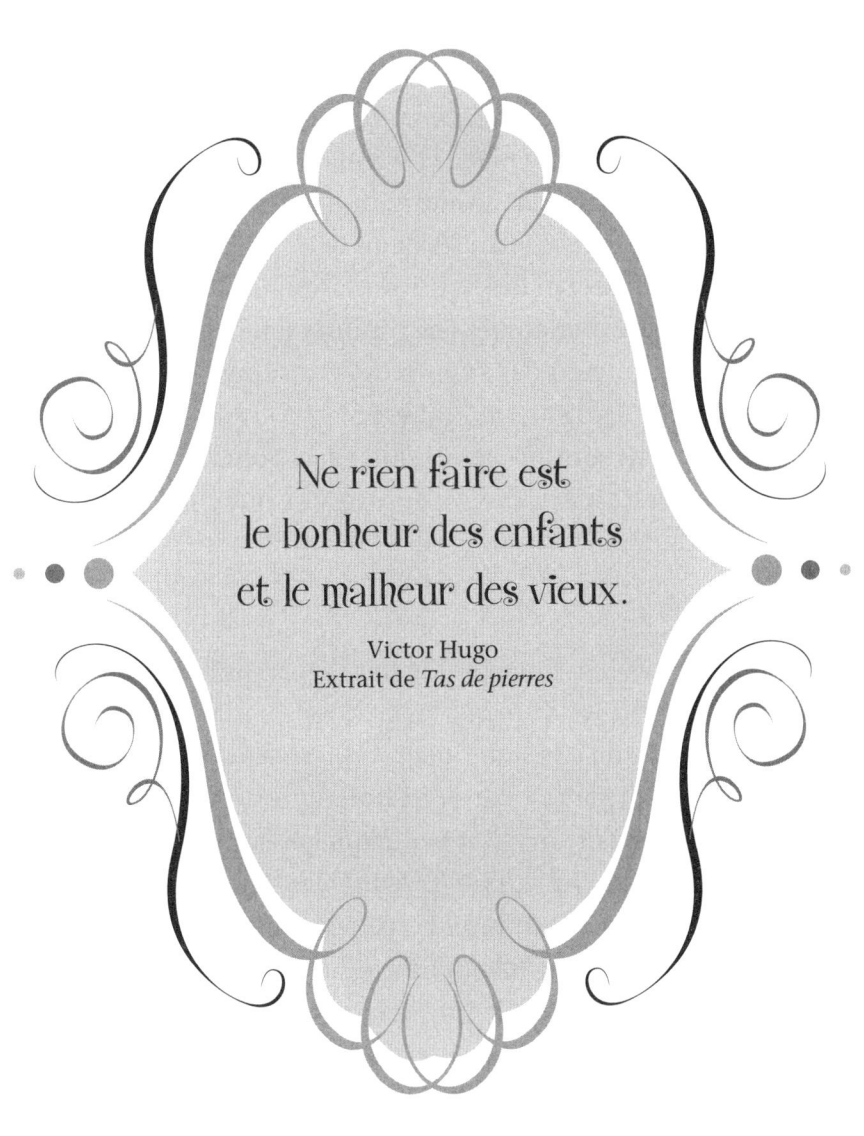

Ne rien faire est
le bonheur des enfants
et le malheur des vieux.

Victor Hugo
Extrait de *Tas de pierres*

Les vieux

Un matin, je me suis rendue au CHSLD suffisamment tôt pour aider mon mari à s'habiller. Il va aux pommes aujourd'hui. C'est la deuxième fois qu'il participe à ce genre d'activité. Je l'ai dit et le répète, j'ai beaucoup de reconnaissance envers les employés qui en prennent soin. La plupart ont le cœur à la bonne place et ils savent respecter la condition de santé de chaque résidant, dont certains sont des cas très lourds. En ce moment, les deux personnes responsables des loisirs font l'appel des pensionnaires. Plusieurs fauteuils roulants et déambulateurs (communément appelés « marchettes ») se trouvent dans l'entrée. On attend l'autobus spécial. Je regarde les résidants, qui sourient comme des enfants. Ça se voit qu'ils sont heureux d'aller aux pommes, de sortir, de se changer les idées, de voir autre chose que des murs sans vie. Je me demande comment ils vont s'y prendre pour cueillir les pommes dans les arbres avec leur fauteuil roulant, mais passons… L'autobus spécial arrive, et le chauffeur les fait monter. Ceux qui ne peuvent le faire seuls sont aidés par les deux belles responsables qui les tiennent par le bras. Je suis impressionnée de constater le grand respect de celles-ci envers les pensionnaires. Aujourd'hui, Simon est en fauteuil roulant par précaution, pour éviter que ses jambes flanchent, m'a averti la belle Julie, la plus jeune des deux. Mais Simon est encore capable de monter l'escalier tranquillement. Aidé par la préposée, il est installé à côté d'une personne qui a aussi la maladie de Parkinson. Une fois sa ceinture bouclée, j'entre pour l'embrasser une dernière fois en lui souhaitant une belle journée. Aujourd'hui, on annonce beau et froid. Je quitte l'autobus pour regagner ma petite Beetle. Je me cache un peu plus loin pour voir disparaître le motorisé rempli de personnes âgées vulnérables et malades. Je sens mon cœur se serrer. J'ai une folle envie de pleurer. Quelle vie pour lui et pour moi! Non, je ne l'accepterai jamais!

J'ai vu Simon tous les jours depuis qu'il est en centre d'hébergement, excepté lors de mon opération pour un cancer en mai 2009. Je me demande encore ce que j'aurais fait si ce centre d'hébergement n'avait pas existé. Il y aurait d'autres endroits, oui, mais quelle sorte d'endroits? Fréquenter les CHSLD me permet d'observer ceux qui ne reçoivent jamais de visite. C'est triste à voir! Certains se replient sur eux-mêmes et n'ont plus de réactions; d'autres acceptent difficilement le contact avec l'extérieur. Plusieurs ont des problèmes d'ouïe. Serait-ce cela qui agace les familles? J'ai observé une nouvelle résidante qui attendait un membre de sa famille. Elle s'est installée devant la porte vitrée et a attendu plus de deux heures. De temps en temps, elle soupirait si fort que cela m'a frappée. Finalement, il était près de 16 h quand elle a décidé de retourner à sa chambre, déçue, triste, en colère. J'imagine que les vieux, qui sont comme cette dame, doivent s'ennuyer de leurs enfants, de leur conjoint décédé, de leur grande maison, de leur passé, etc. Ce sont des choses qui me touchent toujours autant.

C'est à l'automne 2007 que j'ai assisté pour la première fois à une fête pour les résidants du centre d'hébergement. Je n'avais jamais vu autant de personnes non seulement malades, mais aussi vieilles dans une même pièce. Certaines étaient plus malades que d'autres. J'étais restée dans l'embrasure de la porte un bon moment avant d'aller rejoindre Simon.

Plus les minutes s'écoulaient, plus je sentais la tristesse m'envahir. Les employés et certaines personnes de l'administration allaient de table en table parler aux résidants en leur démontrant de l'intérêt. J'ai qualifié cette journée de «pétage de balounes». Plusieurs résidants n'avaient aucune réaction alors que d'autres tapaient des mains comme de jeunes enfants devant un cadeau tout neuf. Je n'en revenais pas! Je ne sais comment j'ai fait pour m'asseoir à côté de Simon sans lui laisser voir toute ma peine. Tout me semblait si irréel! J'avais l'impression de vivre un cauchemar, et que, oui, j'allais me réveiller... Tout l'après-midi, je suis restée sans réagir, incapable de trouver amusant le spectacle qui s'offrait à moi. Hélas, je ne rêvais pas! J'étais vraiment au centre d'hébergement avec Simon, et puisque sa maladie progressait, il n'allait pas en ressortir de sitôt. Bizarrement, un an plus tard, à l'occasion de la même fête, les mêmes résidants, un peu plus amochés, encouragés par la direction, crevaient des ballons avec une joie d'enfant. C'est là que j'ai vu Simon faire la même chose. J'ai failli tomber à la renverse! Eh oui, lui aussi s'amusait et ne semblait nullement dérangé par le bruit. Et moi, je regardais ce spectacle, sans comprendre!

Près de deux ans se sont écoulés depuis ces événements. En vérité, même si la santé des résidants ne s'améliore pas, j'avoue me sentir plus à l'aise avec eux. J'ai davantage le goût de me rapprocher d'eux tout naturellement. Je suis attentive à leurs besoins. Il m'arrive même à l'occasion de leur jouer des airs avec mon harmonica quand Mme G. m'accompagne au piano en clef de sol. J'ai également découvert que les résidants de ce CHSLD sont souvent plus conscients qu'on le pense; certains de ces malades éprouvent un intérêt réel pour les activités qu'ils aiment, par exemple la musique. Une fois toutes les deux semaines, deux femmes bénévoles viennent faire de la musique: l'une chante des chansons anciennes et l'autre l'accompagne au piano. À voir les yeux réjouis de ces résidants, on s'aperçoit qu'ils sont contents. C'est attendrissant de voir leur réaction! Lorsqu'il s'agit de chansons connues, je vois que ces malades reconnaissent l'air et y participent à leur façon. Je suis fascinée et impressionnée par l'intérêt que ces malades démontrent. Souhaitons que cela continue tout comme les concerts des arts en milieu de vie, qui ont lieu une fois par mois. Une belle initiative du CHSLD. Bravo!

Pour mon travail d'écriture, j'ai rencontré une huitaine de ces résidants, dont certains sont là depuis des années. Ces personnes, lucides, étaient capables de répondre aux questions que je leur ai posées. À la question « Comment vous acclimatez-vous à la vie ici? » elles ont toutes répondu qu'elles aimaient ça et qu'elles s'étaient fait des amis en participant aux activités. J'avoue avoir été surprise et réjouie d'entendre cela. Une nouvelle résidante me disait son appréciation d'être là. Je lui ai demandé pourquoi: « Parce que je me sens en sécurité. » J'ai passé près de deux heures avec ces personnes, hommes et femmes, et la sérénité de certaines d'entre elles m'a fait chaud au cœur. C'est la perte d'un conjoint qui est la principale raison de leur ennui. Après avoir vécu plusieurs années avec la même personne, c'est très difficile de continuer à vivre sans leur présence, disaient-ils. Pour d'autres, le deuil le plus difficile à faire est la perte de leur liberté. Par contre, tous ces gens me certifient croire en Dieu et sont assurés d'aller le rejoindre après leur mort; ceux-ci m'ont donné l'impression de ne pas avoir peur de mourir. J'aurais aimé en connaître plus sur leur univers intérieur. J'aurais souhaité que ces vieux aillent en profondeur dans leurs émotions, qu'ils me parlent davantage de leur vie personnelle, bref, qu'ils se racontent. Mais devant leur silence, je n'ai pas insisté pour ne pas les rendre mal à l'aise. Le seul commentaire négatif que j'ai reçu de ces personnes est le fait de ne plus avoir de directeur comme celui qui était là avant, et que j'aimais bien également. Ces personnes m'ont avoué ressentir un gros manque, comme si l'âme du CHSLD n'était plus présente. Comme je les comprends!

À mon grand étonnement, j'ai noté que certains résidants ne sortent jamais de leur chambre, sauf pour se rendre à la salle à dîner. Ils n'assistent pas aux activités, ne participent pas à des discussions de groupe comme si cela ne les intéressait pas. J'ai aussi vu des personnes beaucoup trop jeunes pour vivre dans un CHSLD. À 50 ans, est-ce normal de se retrouver dans une telle institution? Marie a la sclérose en plaques et se trouve en fauteuil roulant. Je crois qu'avec le temps elle s'est résignée. Un jour, je lui ai demandé ce qu'elle faisait à cet endroit: «Ici, je reçois tous les services que requiert mon état de santé.» C'est une femme qui travaille et, sur le plan intellectuel, elle est productive! Je l'ai souvent croisée et, chaque fois, je la trouve tellement courageuse. Je comprends pourquoi elle n'échange pas tellement avec les autres. Deux mondes de différences! Comment expliquer qu'il n'y ait pas davantage d'endroits spécialisés pour répondre aux besoins de ces jeunes personnes? Est-ce une question de budget? Je n'en suis pas si sûre. Pourrait-on espérer voir le ministère de la Santé et des Services sociaux reconsidérer l'état bien particulier de ces jeunes personnes qui se retrouvent avec des malades âgés et qui ne se plaignent jamais? La question se pose! Je suis fascinée par tous ces gens courageux que je côtoie.

L'autre jour, j'ai croisé un vieux sympathique qui sortait du centre. Il partait pour l'hôpital car son épouse venait d'y être envoyée. D'une voix fatiguée, il me dit: «Pourquoi faut-il qu'en vieillissant on perde autant de force? Pourquoi faut-il que les jeunes nous dévisagent parfois comme si nous étions stupides? Pourquoi notre opinion n'est-elle jamais prise en considération? Pourquoi?» Je n'avais pas de réponses à lui donner. Il a repris: «Je vais voir ma femme [87 ans] que plus personne ne visite. Elle a perdu ses facultés en l'espace de peu de temps.» Il avait les yeux remplis de larmes en me quittant. J'avais rencontré son épouse à plusieurs reprises lorsque nous étions presque voisins. Elle faisait partie de mes coups de cœur. Elle et lui resteront à jamais gravés dans mon cœur. Cette fois-là, quand j'ai vu cet homme courageux s'éloigner, c'est la solitude que j'ai vue filer!

Je me suis demandé si le fait de bien vieillir est la conviction que quelque chose en nous ne vieillit pas, et que ce quelque chose pourrait s'appeler le cœur. Et le cœur ne représente-t-il pas notre capacité à aimer? Cette force inexplicable qui tient l'être humain en vie?

Vieillir, c'est aussi accepter de voir notre corps se détériorer et même grossir; la peau devient flasque, plissée, les varices apparaissent (surtout chez les femmes) et les cheveux blanchissent quand nous ne les avons pas perdus! Pour les femmes, il y a les problèmes de pieds: les oignons qui poussent sur les articulations, des orteils marteaux et les épines de Lenoir. Nos pieds, autrefois si jolis, si féminins, sont maintenant inesthétiques en plus d'être douloureux. Dire qu'autrefois nous étions fières d'eux! Heureusement, ça me dérange moins qu'il y a une dizaine d'années. Je garde toujours en tête que je vieillis, que plus des trois quarts de ma vie sont écoulés. D'ailleurs, pour me consoler un peu de voir mon corps se dégrader, je regarde toutes ces femmes du même âge que moi qui se retrouvent à la piscine que je fréquente deux fois par semaine... J'avoue qu'il n'y a rien d'excitant dans cela! Mais il ne faut jamais oublier qu'autrefois ces femmes ont été superbes et qu'elles ont fait tourner bien des têtes... Entre nous, cela me console un peu!

Bien vieillir, c'est aussi accepter de ne plus avoir l'agilité d'autrefois et avoir la sagesse de reconnaître qu'il serait peut-être temps de nous arrêter un peu et d'apprendre à ralentir. Une amie me disait récemment être épuisée après avoir travaillé plusieurs heures dans son jardin à planter des fleurs. Elle était frustrée d'avoir été courbaturée le lendemain matin, mettant la faute sur son âge. Elle n'a que 55 ans! Elle a simplement oublié que le gros accident dont elle a été victime à l'âge de 19 ans pouvait avoir encore des conséquences sur sa santé et l'obliger à ralentir de temps en temps. Mais cette femme est une battante, elle ne prend pas le temps de s'arrêter pour s'apitoyer sur son sort. Quand je pense qu'à la suite de son accident, le médecin lui avait dit qu'elle ne marcherait probablement jamais. Aujourd'hui elle ne marche pas, elle court. C'est un modèle de courage et de ténacité. Elle a la tête remplie de projets. Je l'imagine âgée! Elle sera une superbe vieille, et son visage aura toutes les couleurs de l'arc-en-ciel! Il sera joie et bonheur, car son être profond sera encore habité par la vie!

Il ne faudrait jamais oublier que si à l'âge de 50 ans on peut faire des tas de choses sans trop se fatiguer, à 80 ans, ce n'est pas du tout la même chose. Plusieurs vieux se plaignent de ne plus avoir d'énergie. C'est normal, voyons! Il y en a d'autres qui se disent heureux de pouvoir enfin ralentir et de commencer à respirer par le nez. C'est ça la sagesse! Certaines personnes sont en colère à l'idée de vieillir. Elles sont au début de la soixantaine, mais elles appréhendent le vieil âge. Cependant, la bonne nouvelle est que tout le monde y passe. Riches ou pauvres. Même ceux qui se font faire des chirurgies esthétiques. Attendez que le masque tombe! Il y a peu de temps, j'ai rencontré une ancienne collègue que je n'ai pas reconnue tout de suite. Après avoir entendu mon prénom à deux reprises, j'ai relevé les yeux et j'ai cru revoir une personne connue, mais j'étais incapable de mettre un nom sur ce visage. C'est alors qu'elle m'a dit: «Rose, mais voyons, c'est moi, Carole.» C'est en la voyant esquisser un sourire que j'ai reconnu ses yeux. De magnifiques yeux bleus qui m'avaient charmée à l'époque. Toutefois, le visage que j'avais devant moi était méconnaissable! C'est pour faire plaisir à son mari, un riche homme d'affaires, qu'elle avait décidé de se faire rajeunir. Elle détestait ses rides. De multiples opérations au visage l'ont enlaidie. Elle n'a plus d'expression, seuls les yeux sont restés intacts... C'est une autre chose que j'ai du mal à comprendre: pourquoi vouloir rajeunir? Cette femme a 74 ans et aimerait en paraître 50! Je voulais lui dire à quel point les rides sont belles, mais elle ne m'écoutait pas. Je trouve les vieux beaux avec leurs rides, j'aime les rides. C'est le signe évident d'une expérience de vie qui ne s'achète pas. Les jeunes ont beaucoup à apprendre des vieux. J'aime les beaux vieux, ceux qui ont le sourire facile et généreux, ceux qui gardent le sens de l'humour, ceux qui possèdent les deux plus belles qualités d'un être humain, le cœur et l'amour envers les autres!

Bien vivre sa vieillesse, c'est aussi apprendre à bien mourir. Noblement, humainement. Se diriger vers la sortie, tête haute, sans crainte. Ce qui se passe après la mort reste et restera une énigme pour tous. Il faut rester confiant envers la vie ici et maintenant, et ne jamais arrêter de chercher.

Aux enfants qui se plaignent d'être obligés de faire répéter leurs vieux parents

Vieillir

La journée où tu trouveras que je suis devenue trop vieille, essaie d'avoir de la patience envers moi et essaie de me comprendre.

Si je me salis en mangeant, si j'ai de la difficulté à m'habiller, sois patient.

Souviens-toi des heures que j'ai passées à t'apprendre toutes sortes de choses quand tu étais petit.

Si je répète la même chose des dizaines de fois, ne m'interromps pas! Écoute-moi.

Quand tu étais petit, tu voulais que je te lise la même chose soir après soir jusqu'à ce que tu t'endormes. Et je l'ai fait!

Si je ne me lave plus aussi souvent sous la douche, ne me réprimande pas et ne me dis pas que c'est une honte!

Souviens-toi combien d'excuses je devais inventer pour te faire prendre un bain quand tu étais petit.

En voyant mon ignorance vis-à-vis des nouvelles technologies, ne te moque pas de moi. Laisse-moi plutôt le temps de comprendre.

Je t'ai appris tant de choses: bien manger, bien t'habiller, bien te présenter, comment affronter les problèmes de la vie.

Si je refuse de manger, ne me force pas! Je sais très bien quand je n'ai pas faim.

Quand mes pauvres jambes ne me permettront plus de me déplacer comme avant, aide-moi de la même manière que je tenais tes mains pour t'apprendre à faire tes premiers pas.

Et quand un jour je te dirai que je ne veux plus vivre, que je veux mourir, ne te fâche pas, car un jour tu comprendras aussi à ton tour.

Essaie de comprendre qu'à un certain âge, on ne vit plus vraiment. On survit simplement.

Alors, aime-moi comme je t'ai aimé.

Ta mère

Chapitre 3

La mort

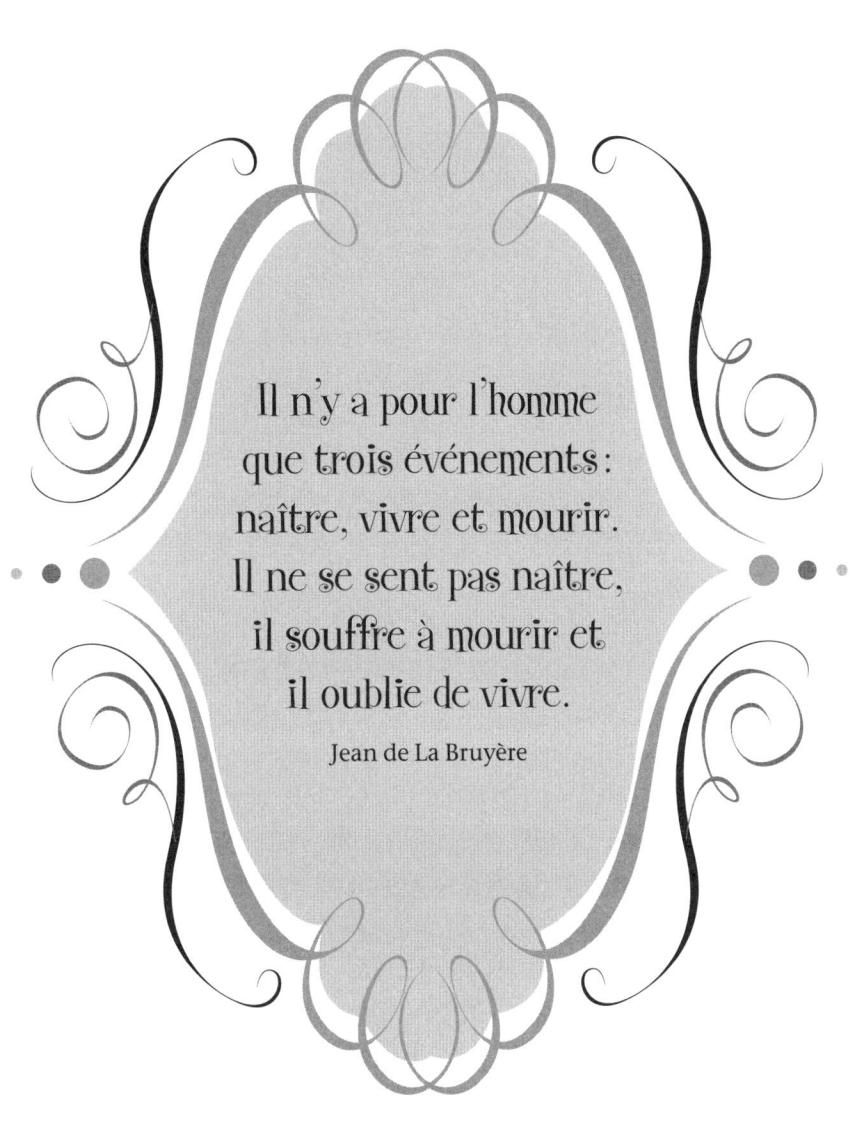

Il n'y a pour l'homme
que trois événements :
naître, vivre et mourir.
Il ne se sent pas naître,
il souffre à mourir et
il oublie de vivre.

Jean de La Bruyère

J'essaie de comprendre pourquoi on dit d'une personne qui vient de mourir qu'elle est partie, décédée ou qu'elle nous a quittés. D'où vient cette difficulté que nous avons tous à prononcer le mot «mort»? C'est clair: la mort est un sujet tabou, comme si le fait d'en parler la ferait arriver plus vite. Pour ma part, penser à la mort ne me fait pas vraiment peur. Par contre, je serais très mal à l'aise si, sur le point de mourir, la pensée soudaine d'avoir refusé de l'aide à une personne qui me le demandait me venait à l'esprit. Si tel était le cas, j'aurais l'impression d'avoir perdu l'essentiel!

Dans mes réflexions sur la mort, j'ai un peu de mal à comprendre la peine inconsolable que vit une personne à la suite de la disparition de son partenaire de vie. Je sais, vous me direz qu'ils ont vécu heureux pendant 50 ou 60 ans et que le fait d'être séparés reste inacceptable. Mais c'est aussi ça la vie. Elle donne et reprend, on ne peut rien y changer. Plutôt que de s'attrister de la mort d'un être cher, pourquoi ne pas se réjouir du privilège exceptionnel d'avoir vécu aussi longtemps heureux avec la même personne! Il y a peu de temps, je rencontrais une vieille personne de 87 ans. Elle semblait inconsolable de la mort de son mari après plus de 60 années de vie commune. J'étais triste de la voir ainsi et je n'arrivais pas vraiment à la consoler, lorsque la pensée suivante m'a traversé l'esprit. J'ai entouré ses épaules et dit: «Mme Prévert, vous me dites avoir été heureuse avec le même homme pendant 60 ans. Au lieu de pleurer la mort de votre mari, pourquoi ne pas vous réjouir de toutes les années de bonheur que vous avez vécues avec lui? Pourquoi ne pas remercier la vie d'avoir été aussi généreuse envers vous? Pensez à tous ces couples qui n'ont pas connu la moitié de votre bonheur. Vous avez été privilégiée, vous savez.» Mme Prévert a baissé les yeux: «Je ne voyais pas les choses sous cet angle. Merci de m'y faire penser.»

Quand la vie a été bonne pour nous, nous devrions lui dire merci et nous souvenir que la mort est un phénomène tout à fait normal. Dès notre jeune âge, nous apprenons que nous allons mourir un jour. Ce que nous ignorons par contre, c'est comment et à quel moment. Nous ne savons pas ce qui se passe après la mort; personne n'est jamais revenu pour nous le dire. Il y a des gens qui affirment que de «l'autre bord [quelle vilaine expression!], c'est plus beau». Je me demande toujours de quel «bord» ils parlent et sur quoi ils se basent pour affirmer une telle chose! J'ai l'impression que c'est encore un reste de l'enseignement religieux. Pendant que nous imaginons la beauté de l'autre «bord», nous oublions celle qui se vit dans l'immédiat. Nous oublions de regarder les fleurs pousser, de humer les odeurs de la nature, d'apprécier la quiétude des soirs d'été, la beauté d'un lac, la force incroyable des arbres... Nous oublions la chance extraordinaire de la qualité des sens que nous possédons! Que ferions-nous sans nos yeux, nos oreilles? Ce sont d'extraordinaires outils de culture et de bonheur! Personnellement, j'ai eu la chance de découvrir mes sens en vivant à la campagne. En 1980, j'avais décidé de prendre une année sabbatique. Je suis partie habiter loin de la ville, dans une vraie campagne, isolée du monde. Finalement, cela a duré 10 ans. Dix années de paix et de joie au cours desquelles j'ai pu planter de nombreux arbres, ce qui m'a fait réaliser à quel point j'étais privilégiée de vivre cette expérience unique! Me lever le matin avec le soleil juste au-dessus des montagnes, retrouver le silence d'une nature qui parle à travers les animaux qui y vivent. J'ai souvent dit merci à la vie de ce bonheur immense qui ne m'a jamais vraiment quittée, même lorsque je suis revenue vivre à Montréal, polluée tant par le bruit que par les odeurs, mais intéressante sur le plan culturel, je l'avoue.

En réfléchissant à la mort, force m'est de constater qu'elle restera toujours une énigme pour toute personne qui cherche à comprendre. La mort fait partie de la vie. La nature nous le souligne constamment. Si nous nous sentons si petits devant ce phénomène, c'est peut-être que nous refusons de comprendre qu'il n'y a rien à comprendre. J'aime me rappeler cette pensée de Voltaire: «L'Univers m'embarrasse et je ne puis songer que cette horloge existe et je n'ai pas d'horloger!»

Dans cet essai, j'aurais aimé que les vieux me parlent davantage de la mort, de leur mort. J'aurais souhaité connaître leurs appréhensions, leurs espoirs, leurs peurs. Malheureusement, les vieux ne sont pas très bavards sur ce sujet. Quand on leur en parle, ils baissent les yeux, fuient la réponse... Il n'y a pas plus dure réalité! Parler de la mort devrait nous rapprocher encore plus de l'essentiel de la vie, même lorsque nous sommes malades! J'entends souvent dire: «Il faut aller jusqu'au bout de ses souffrances afin de les offrir à Dieu.»

Une autre connotation religieuse, comme cela me rappelle mon enfance. L'autre jour, j'ai demandé à une vieille personne ce qu'elle entendait par cette expression. Elle a été incapable de l'expliquer. Si je demande aux vieux: « Ne devrions-nous pas aider à mourir ceux qui souffrent et qui n'ont plus conscience de vivre? », ils rougissent un peu, mal à l'aise, incapables de répondre... On dirait qu'ils ont peur! Peur de quoi? Cela me touche chaque fois.

Parler de la mort me rappelle les quelques années où j'ai fait de l'accompagnement aux mourants, spécialement avec des sidéens âgés entre 20 et 65 ans. Des personnes qui avaient peur! C'est à ce moment que j'ai réalisé qu'à la fin de toute vie, il n'y a rien à dire sinon que de s'approcher plus près du mourant et de l'accompagner en silence et en présence. Ces années d'expérience m'ont rapprochée de l'essentiel et jamais je n'oublierai ceux qui sont morts en ma présence. Ce sont des moments exceptionnels et je me trouve privilégiée de les avoir vécus.

Voici quelques réflexions que suscite chez moi la fin de vie.

Dès notre jeune adolescence, nous faisons des projets. Quand nous sommes jeunes, nous rêvons d'obtenir un diplôme, de gagner un prix, de nous surpasser, de voyager. Puis, nous rêvons de rencontrer la bonne personne à aimer dans le but de fonder une famille et avoir des enfants. Nous rêvons constamment et, si nous le voulons vraiment, nous pouvons réaliser nos rêves. Puis arrive la vieillesse. Elle s'est glissée subtilement dans notre vie, et des problèmes de santé surviennent. Les projets se font de plus en plus rares, notre manque d'énergie nous inquiète. Pourtant, il y a un projet qui demeure, le plus important de tous, un projet ultime qui devrait attirer notre attention: préparer notre fin de vie pendant que nous sommes encore conscients. Mourir en toute tranquillité d'esprit, pouvoir dire bonjour une dernière fois aux gens que nous aimons constitue un projet qui mérite que nous nous y attardions. Nous savons tous que nous nous dirigeons vers notre mort, c'est la seule certitude qui soit.

Je pense également à l'importance de faire ses préarrangements funéraires, pendant que nous sommes conscients, afin d'éviter des soucis aux survivants. Personnellement, j'ai fait les démarches. J'ai magasiné, comme on dit. Il est très instructif de constater comment une personne endeuillée peut facilement se faire avoir sur le plan émotif au moment du décès. J'ai fait une première recherche et j'ai été sidérée d'apprendre le coût fixé par le premier conseiller avec lequel j'avais pris rendez-vous. J'avais exprimé mon désir de faire « les choses le plus simplement possible ». Lui me parlait de forfait, comme si je partais en vacances. Selon lui, le forfait n° 4 était le moins cher: 4 500 $, taxes incluses, avait-il précisé, sérieux comme un pape. J'ai répliqué en lui manifestant mon étonnement: « Monsieur, vous devrez me justifier votre coût pour éviter que notre conversation s'arrête ici. » Laissez-moi vous dire qu'il a « pédalé », mais il n'a pas réussi à me convaincre. Mes demandes étaient pourtant simples. Je m'informais du coût pour obtenir un salon pour une période de trois heures, pas de service à l'église, pas de tombe, une simple urne (fournie par la famille) et les cendres remises à ma fille.

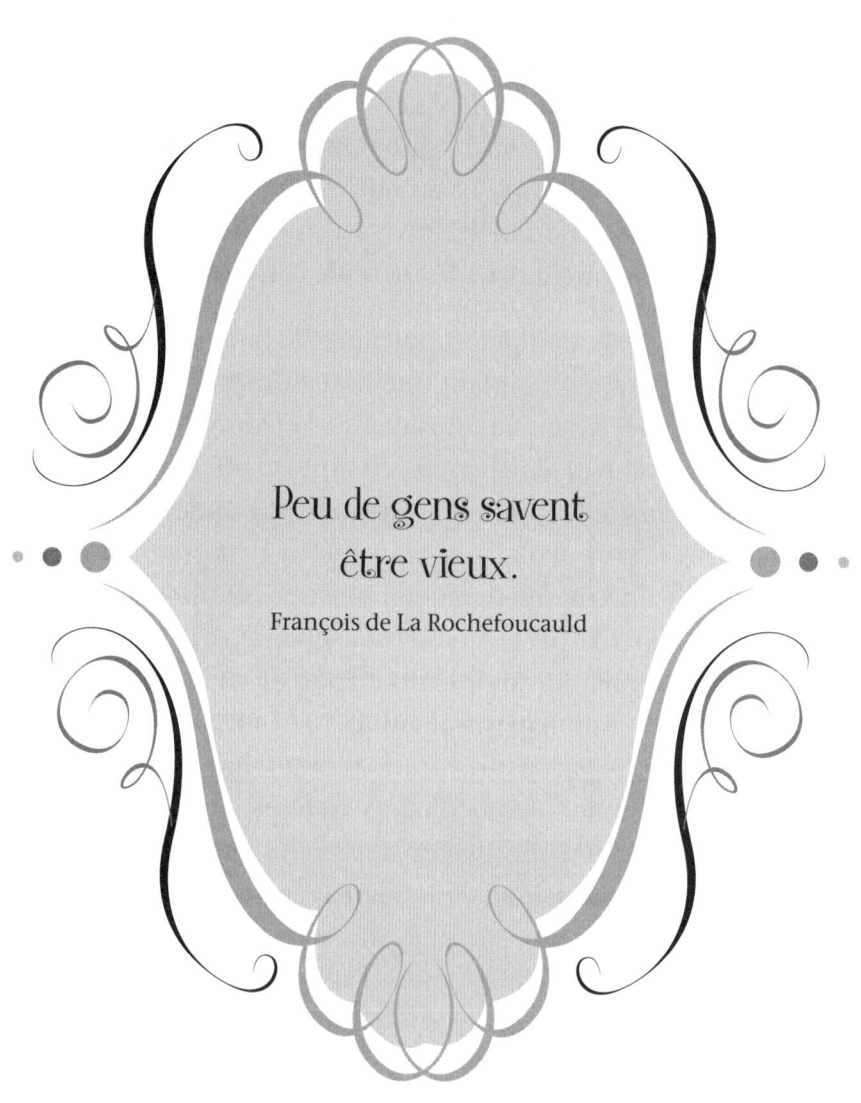

Peu de gens savent être vieux.

François de La Rochefoucauld

La mort

Les deux exigences que je formulais étaient que mon corps soit enroulé dans le drapeau du Québec et que l'on attende au moins quatre jours avant de m'incinérer! Je suis sortie du salon avec en main la planification funéraire, incluant les montants de chaque service. Le conseiller m'a demandé avant de partir: « Quand pensez-vous me rappeler? » J'ai haussé les épaules et tourné rapidement la tête pour éviter qu'il voie mon regard. J'aimerais pouvoir trouver les mots pour exprimer toute mon indignation devant ce que j'appelle l'abus excessif de certains salons funéraires.

J'ai donc repris mes recherches. Le deuxième salon n'était guère plus intéressant. Cela me coûtait 1000 $ de moins, mais je n'ai pas aimé les commentaires du vendeur qui décriait trop les autres maisons funéraires. Je suis entrée en contact avec un troisième salon. C'était une femme cette fois. J'ai trouvé ce que je cherchais pour la moitié du coût original. Pour moi, préparer ses arrangements funéraires n'est pas lugubre. Ma conviction est que ma fin de vie m'appartient et que je n'ai pas à remettre à d'autres cette importante décision. Je le fais pendant que j'en ai conscience. On ne sait jamais ce qui peut arriver! Bonne nouvelle: j'ai signé mon contrat, exactement comme je le voulais. Voilà une bonne chose de faite. Maintenant, j'oriente ma pensée vers l'avenir qui me reste, en profitant le plus possible de toutes les belles choses qui m'entourent! J'aurais aimé discuter davantage sur la mort, mais comme je n'ai pu obtenir beaucoup de pistes de réflexion de la part des vieux, j'ai pensé vous offrir le témoignage que j'ai écrit à la mort de ma mère, décédée à l'âge de 95 ans. J'ai voulu démontrer la difficulté qu'ont encore les vieux vieux d'aujourd'hui à dire « Je t'aime » à leur enfant.

La mort de ma mère, ou vers le ciel étoilé

Il faisait beau ce matin-là en ce jour de septembre 1987. Le soleil brillait au-dessus des montagnes de la Beauce. Je dégustais un espresso sur la galerie d'en avant quand le téléphone sonna. C'était ma sœur Esther; elle m'annonçait que maman avait fait un infarctus et se trouvait dans un état grave. Après une courte discussion, nous décidions de prendre la route pour venir la voir; elle reposait aux soins intensifs dans un hôpital de Montréal. Cinq heures plus tard, nous arrivions toutes deux, inquiètes, à l'hôpital. À notre grande surprise, maman venait d'être amenée dans une chambre semi-privée.

En entrant dans sa chambre, elle nous avait montré un visage plutôt rieur, se confondant en remerciements de nous être dérangées pour elle. Elle ne dit rien de son état de santé, pas plus qu'elle ne mentionna la crise cardiaque qu'elle avait faite la veille. Couchée dans son lit d'hôpital, les bras bleuis par les piqûres, elle me paraissait toute menue et bien fragile. À 95 ans et deux mois, Gloria était encore très lucide. Il me semblait qu'elle tenait encore à la vie, malgré son désir de mourir que j'avais déjà perçu à certains moments difficiles de sa vie: lorsque la solitude gagnait son âme, quand son mari perdait encore une fois son travail ou qu'un autre enfant non désiré poussait dans son ventre. Maman était si contente de nous voir qu'elle s'était assise toute seule dans son lit, refusant même notre aide. Tout à coup, à notre grande surprise et sans que nous puissions intervenir, elle se mit à parler librement de sa voisine d'à côté, une jeune femme d'environ 30 ans. C'est alors qu'elle fit un sourire pincé (comme elle seule pouvait le faire) et, sans gêne aucune, elle dit: «C'est effrayant! Imaginez-vous que cette très jeune personne a un mari et un amant.» Embarrassées, nous lui faisions signe de parler moins fort. Hélas! maman continua, comme si de rien n'était: «Je devine qui des deux l'appelle à la façon qu'elle a de répondre: la voix sèche quand c'est son mari, et une voix toute veloutée quand c'est son amant. Ah! mon chéri, je t'aime, mon amour!» dit Gloria en imitant sa voisine d'un accent pointu. Puis, sans doute épuisée, elle s'était laissée choir dans son lit.

En dépit de la situation, je me retins de rire pendant que, sur le même ton, elle continuait à médire. Malgré l'amour que j'avais pour elle, je reconnaissais bien ma mère à cet instant précis; celle qui m'avait si souvent choquée par ses commentaires désobligeants, en particulier sur l'homosexualité. Comme le jour où, dans un boisé sous les arbres, elle discutait de choses simples avec ses amies de femmes qui venaient la visiter tous les mercredis après-midi. J'avais une dizaine d'années et, comme chaque mercredi, je me cachais pour les épier. Ça me faisait tout drôle d'écouter ces femmes, toutes de bonnes mères de famille, discuter de choses qui déjà ne m'intéressaient pas. Ce jour-là, ma mère s'était soudainement levée, avait traversé le chemin à toute vitesse et s'était dirigée dans le petit bois juste devant notre maison. J'avais tenté de la suivre jusqu'au moment où je l'avais entendue crier: « Bande de salauds! Allez faire vos cochonneries ailleurs! » C'était la deuxième fois de ma vie qu'une situation semblable me figeait sur place. Après cette envolée de rage, elle était revenue vers ses amies, rouge comme une tomate. Pour se justifier, elle avait tout simplement raconté que deux hommes, qu'elle soupçonnait être des homosexuels, étaient super collés et se parlaient dans les yeux. Ce n'est que 35 ans plus tard qu'elle m'avoua n'avoir rien vu de répréhensif. Je revins à la réalité pour constater que, malgré les agacements d'autrefois, j'étais fière d'elle, de sa force, de son courage, de sa lucidité... À son âge, elle ne tremblait pas et sa mémoire était intacte. Là, sur ce lit d'hôpital de moribond, je la regardai attentivement. Malgré son vieil âge, elle refusait encore d'utiliser une canne, par orgueil sans doute, même pour se rendre chez le médecin, au premier étage de son immeuble, malgré les ordres formels de celui-ci. C'était une femme terriblement fière! Une fierté reconnue dans tout le comté pendant plus de 70 ans.

Là, en ce jour de septembre, couchée dans ce lit d'hôpital, elle m'apparaissait comme un petit enfant. Après son envolée de tantôt, elle s'était radoucie et avait fermé les yeux. Penchée vers elle, j'observais son visage, si peu ridé, j'examinais ses belles mains blanches, aussi lisses que la soie, des mains qui avaient trimé dur sans jamais rechigner. Je regardais ses bras abîmés par les aiguilles, ceux-là mêmes qui avaient couvé tant d'enfants... J'étais émue de la voir aussi fragile. Je m'attardai sur ses paupières qui s'ouvraient et se refermaient, laissant filtrer un léger nuage de tristesse que j'avais si souvent aperçu dans mon enfance. À cet instant, nos regards se croisèrent et j'eus envers elle un immense élan de tendresse. Incapable de retenir le geste d'amour qui me poussait si fort, je lui dis tout doucement: «Maman, sais-tu combien je t'aime?» Ses deux mains dans les miennes, j'espérais une réponse. Elle hésita comme quelqu'un qui cherche: «Oui, oui, je le sais», avait-elle répondu en détournant les yeux. Envahie par le malaise, je repris à nouveau: «Maman, écoute-moi, je veux que tu saches là, maintenant, combien je t'aime!» Gloria n'avait pas vraiment répondu, juste un léger soupir avait traversé la pièce. Elle gardait les yeux baissés. Était-ce par pudeur?

Après quelques minutes, je repris pour la troisième fois en pressant ses mains presque religieusement dans les miennes: «Maman, je t'en prie, regarde-moi, ne me repousse pas, sais-tu à quel point je t'aime?» «Ouais», avait-elle fini par dire, agacée, retirant instinctivement ses mains et détournant encore une fois la tête. Incapable d'en supporter davantage, étouffant les sanglots qui montaient, j'avais fui en vitesse vers le fumoir de l'étage pour libérer le cri d'amour que je ressentais pour elle et qu'elle refusait d'entendre. J'avais pris du temps pour me calmer avant de revenir à ses côtés, persuadée que Gloria, comme bien des gens de sa génération, ne pourrait jamais exprimer ouvertement ses sentiments d'amour, même à ses propres enfants. Le reste du temps passé avec elle, je n'avais rien ajouté. J'aurais espéré qu'elle me dise, sans doute pour me rassurer, combien elle avait été fière de m'avoir portée dans son ventre (j'étais la toute dernière d'une famille de 14 enfants vivants). Hélas! rien n'était venu. Elle était restée muette comme une carpe. En fin d'après-midi, ma sœur et moi quittions l'hôpital pour revenir en Beauce. L'infirmière responsable nous avait assurées que maman était hors de danger et que nous ne devions pas nous inquiéter. Sur le chemin du retour, nous nous étions arrêtées à Sherbrooke pour manger une bouchée. Je pensai à maman et perdis l'appétit. Allais-je la revoir? Esther, en infirmière expérimentée, était convaincue de l'avoir vue vivante pour la dernière fois.

Il était plus de 10 heures du soir quand je mis les pieds dans la maison. La journée avait été épuisante. Après avoir nourri les animaux, changé le bol d'eau des chats, il était déjà tard. Juste avant de sortir faire courir les chiens, un pressentiment m'envahit, et je décidai d'appeler à Montréal pour avoir des nouvelles. J'appris avec stupeur que maman était en train de mourir! Ma sœur me raconta que son agonie était douloureuse et parce qu'elle était agitée, on avait dû l'attacher pour éviter qu'elle se blesse. J'étais ahurie! Que s'était-il donc passé? Gloria avait toujours été une boîte à surprises, avec des réactions imprévisibles. Selon l'infirmière, maman avait bien mangé et s'était reposée par la suite. Pendant la visite d'une de ses filles, elle avait fait une autre crise cardiaque. Grâce à la promptitude du personnel des urgences, maman avait repris conscience. Son agitation était causée par le fait qu'elle essayait d'exprimer quelque chose, mais que personne n'arrivait à la comprendre. J'écoutais l'infirmière au téléphone m'expliquer ce qu'avait fait le personnel soignant pour la sauver. J'étais assommée! Je déposai le téléphone et portai la main à mon cœur, essayant de comprimer cette fulgurante douleur qui, comme un coup d'épée, me traversait d'une épaule à une autre. Je m'étais assise pour essayer de reprendre mes esprits, mais incapable de fixer mon attention, je sortis avec les chiens en pleine noirceur pour chercher de l'air.

Affectée par l'agonie de ma mère, je marchais en titubant, étouffée par une douleur qui venait de loin, de très loin... L'idée qu'elle vivait une telle agonie me rendait folle. Pourquoi souffrait-elle autant? Pourquoi l'avoir réanimée? Elle avait plus de 95 ans, je ne comprenais pas! Je me jetai à genoux et criai dans la nuit: « Maman, abandonne-toi, cesse de lutter, je t'en supplie, cesse d'avoir peur, parce que je sais que tu as peur. Pars, maman, va-t'en, je t'en prie! » Les chiens allaient et venaient autour de moi, me léchaient les mains. On aurait juré qu'ils comprenaient! C'est à cet instant précis que j'eus l'impression d'accoucher de cette mère que j'avais profondément aimée et qui m'avait fait tant pleurer!

Il était passé minuit quand je me suis levée pour faire quelques pas en regardant longuement le ciel étoilé. C'était si beau! Le calme de la nuit me gagna peu à peu. Les larmes continuaient de couler, mais ce n'était plus celles de la révolte. J'aurais aimé être auprès de maman pendant son agonie pour la rassurer, lui dire qu'elle n'avait pas à s'inquiéter. Loin d'elle, incapable de la toucher physiquement, debout dans la nuit, je lui envoyai un long baiser d'amour en lui criant: « Adieu, maman! Bon voyage, ma chérie, je t'aime... »

J'entrai dans la maison, verrouillai les portes, allumai deux bougies, éteignis les lumières, mis le *Requiem* de Mozart et m'assis dans la berceuse. Mes six chats dormaient déjà en boule un peu partout, pendant que le petit chien se laissait tomber à mes pieds. Le gros berger, étendu paresseusement de tout son long à deux pas de moi, gardait le museau pointé dans ma direction. La musique de Mozart jouait, je pensais à ma vie, à la vie de ma mère, à l'amour que j'avais reçu d'elle et à celui que j'attendais encore. Très longtemps, je restai ainsi. Les bougies brûlaient lentement, comme la vie de Gloria qui s'éteignait tout doucement, là-bas, sur son lit d'hôpital. À distance, je la veillai, l'accompagnai. Je laissai rejouer le *Requiem*; cette divine musique m'apaisa et facilita ainsi mon acceptation de la laisser mourir. Je l'aimerai pour l'éternité, sachant à quel point sa vie avait été faite de courage, de générosité et d'amour pour ses enfants, même envers ceux qu'elle n'avait pas désirés. Au petit matin, j'appris qu'elle était morte vers 1 h 30, juste au moment où je l'envoyais dans les étoiles.

Par la suite, il y eut la cérémonie religieuse et tout le tralala. Je regardais attentivement maman dans son cercueil; j'étais exaspérée de voir cette grosse mouche noire que j'essayais de chasser mais qui revenait sans cesse se promener sur son visage, entrait dans une narine, dans une oreille, sur sa bouche. C'est une des dernières fois que j'entrai dans un salon funéraire visiter une personne dans sa tombe. Il n'y a rien de plus déprimant! Pour la cérémonie religieuse, j'avais demandé à l'un de mes frères la permission de lire une lettre pour maman à l'église. J'avais pris une bonne partie de la nuit précédente pour la composer. Par convenance familiale, mon frère en vérifia le contenu avant d'accepter. C'est donc devant une église bondée que je lus mon dernier témoignage d'amour à ma mère. L'hésitation de mon frère m'avait un peu inquiétée. Peut-être craignait-il que je dise certaines choses qui auraient pu gêner la famille devant tous ces invités? Ou simplement avait-il eu peur que je m'effondre? Je ne l'ai jamais su!

Au cimetière, quand le cercueil fut mis en terre, je laissai tomber la seule rose que je tenais dans les mains; elle se perdit dans la multitude de fleurs qui déjà le recouvraient.

Chapitre 4

Portraits

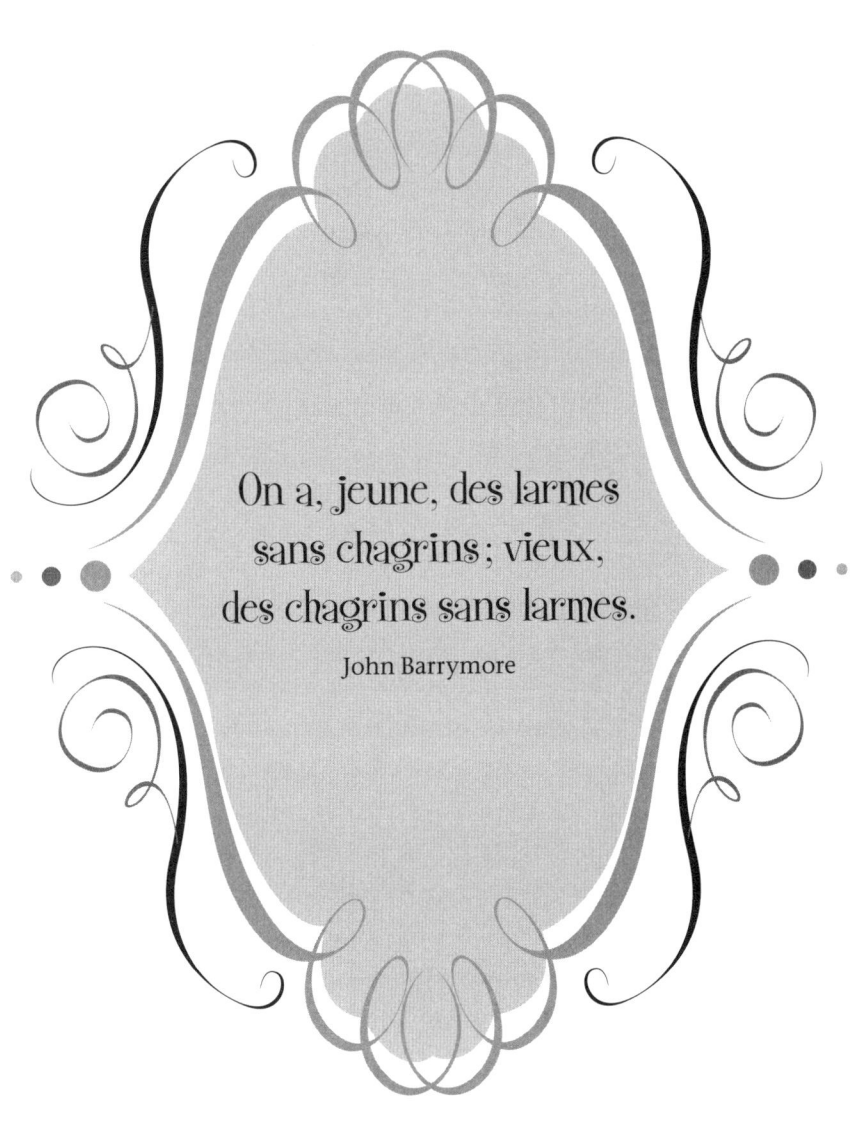

On a, jeune, des larmes
sans chagrins ; vieux,
des chagrins sans larmes.

John Barrymore

Voici quelques portraits de personnes âgées que j'ai rencontrées et aimées. Ces vieux, en général des femmes, m'ont émue, beaucoup émue!

Mme Allaire

Le téléphone sonne comme je m'apprête à lui rendre visite. Mme Allaire habite dans une résidence de personnes âgées à trois rues de chez moi. Depuis deux ans, je la vois avec mon petit caniche, Sophie. Toutes deux, nous faisons ce que l'on appelle de la zoothérapie. Cet après-midi-là, nous quittons la maison rapidement. Tout en marchant, j'accélère le pas, pressant Fifi de faire de même et de cesser de renifler. Je suis un peu inquiète. Au téléphone, Mme Allaire me semblait bizarre. Cette femme, encore belle à 92 ans, est terriblement lucide. À chacune de mes visites, je sens la solitude peser sur elle. Ce qui caractérise cette vieille dame est son esprit d'indépendance et de liberté. À la côtoyer depuis deux ans, sa lucidité m'impressionne encore.

Une fois rendue à sa chambre, je dois frapper deux fois avant qu'elle se manifeste. La porte entrouverte me permet d'entrer. La vieille dame ne se lève pas. Elle garde les yeux baissés et me pointe d'un doigt usé le fauteuil d'en face. Après lui avoir dit bonjour, je dépose Sophie sur ses genoux, comme à l'habitude, et attends qu'elle commence à parler. Sa main cherche à dire quelque chose, mais ne se décide pas... Lentement, elle flatte Sophie, qui plisse les yeux tant elle aime ça. J'ai hâte d'apprendre ce qu'elle veut me dire. Elle me laisse languir un peu et déclare tout à coup: «Je crois que je veux partir.» D'un coup sec, je saisis ce qu'elle me dit, mais je fais semblant de ne pas comprendre. «Mme Allaire, la dernière fois que je vous ai vue, vous me disiez ne plus vouloir aller chez votre fille à Québec, vous avez changé d'idée?» La vieille dame soupire: «Vous ne comprenez pas, je vous dis que je veux partir, bon.» J'hésite mais n'ose la brusquer, de peur qu'elle se referme. Je suis de plus en plus troublée de ce qu'elle ne dit pas à haute voix. Le temps file doucement, et rien n'est précisé. Juste un petit soupir qui traverse la pièce.

Mme Allaire reprend: «Je veux partir et je voudrais que vous m'aidiez... Vous avez l'expérience, après tout.» De quelle expérience parle-t-elle? me dis-je, surprise. Je veux qu'elle prononce les vrais mots, mais elle s'en abstient. Tout doucement, la regardant dans les yeux, je lui dis: «Êtes-vous en train de me dire que vous voulez mourir?» «Eh oui, c'est ça, vous venez de comprendre.» Elle ajoute timidement: «Je suis presque aveugle, je ne marche plus, je suis quasi sourde, dites-moi à quoi ça sert de vivre. Pensez-vous que je suis heureuse? Je suis seule, mes enfants ne viennent plus me voir.» Tout ça est dit d'un ton si pathétique que je sens mon cœur se serrer.

La gorge sèche, je réplique: «Comment comptez-vous faire ça, Mme Allaire?» Hésitant à peine, elle répond: «Si vous pouviez m'avoir une petite pilule spéciale, ce serait facile et ça ne fait pas mal.» Malgré la situation, je réprime un sourire: «Pourquoi pas une petite injection, c'est plus rapide.» C'est alors qu'elle se lève brusquement, échappe Sophie qui se plaint et me dit tout de go: «Je vous ai déjà dit, il me semble, à quel point j'ai peur des piqûres.»

Je la calme, elle se rassoit, je replace Sophie sur ses genoux. L'atmosphère est lourde... Tout à coup, la pauvre dame éclate en sanglots. Elle pleure dans le poil tout blanc de Sophie qui ne bouge pas. À cet instant et pour la première fois de ma vie, je prends conscience de la solitude des vieux. Dans ma vie, j'ai vu des choses bien pénibles, mais ce qui se vit présentement est d'une telle tristesse! J'observe la vieille femme et le petit chien blanc. Beau et triste spectacle à la fois. Je comprends cette dame encore très lucide qui a eu le courage d'exprimer ouvertement son désir de mourir librement. Je suis restée avec elle plus longtemps qu'à l'habitude. Quand je l'ai quittée ce jour-là, son œil profond me souriait. J'y voyais à la fois une grande tendresse et un certain soulagement.

J'ai continué de la voir avec Sophie à la suite de cet événement, et elle ne m'a jamais reparlé de son désir de mourir. Bizarrement, elle est morte six mois plus tard, le jour de ses 93 ans, toute seule dans son lit. J'aurais donné cher pour être avec elle au dernier souffle de sa vie!

La grande Rachel

Je n'aime pas les gros centres d'hébergement. On a l'impression qu'il n'y a pas d'âme. Depuis peu, je visite une amie qui réside dans l'un d'eux. Lorsque j'y mets les pieds, un étrange malaise s'empare de moi de sorte qu'à peine arrivée je pense déjà à repartir. Ces temps-ci, je visite une dame de 83 ans, qui est aussi une bonne amie. Elle réside dans un centre d'hébergement privé pour personnes en perte d'autonomie. Le spectacle qui s'offre à moi quand j'y pénètre est désolant: dans l'entrée se trouvent plusieurs fauteuils roulants occupés par des vieux malades au regard perdu, et d'autres sont assis dans des fauteuils en cuirette, le visage plissé et stigmatisé par leur passé. Ils donnent l'impression d'être indifférents à ce qui se passe autour. Je me demande à quoi ils pensent, si même ils pensent encore. Certains ne sont pas bruyants, parlent à voix basse, n'exigent plus rien, attendent... Quoi au juste? Ce sont les plus abîmés par le temps. D'autres sont plus agités, parlent haut et fort. Je ne comprends jamais rien à leurs gestes. Il faut dire que je suis dans une résidence italienne, où les pensionnaires sont Italiens à 90 %. Ce qui me choque est le fait qu'ils ne parlent pas français. Chaque fois que je me retrouve dans une situation où des immigrants vivant au Québec depuis des années refusent de parler français, je me sens personnellement offensée.

J'appuie donc sur le bouton de l'ascenseur qui prend un temps fou. Vivement le neuvième étage pour retrouver mon amie Rachel, la grande Rachel comme on l'appelait jadis, celle qui aurait été très douée pour le théâtre, mais qui travaillait plutôt à l'impôt sur le revenu des particuliers!

Elle est entrée dans ce centre à la fin de l'été 2003, peu de temps après la mort de son mari. Elle a été obligée de quitter la maison paternelle, son patrimoine familial, pour une grande chambre double dans un quartier qui lui était totalement inconnu. Cela s'est fait à la vitesse de l'éclair. Une belle-sœur charitable, ayant des contacts dans le milieu, s'était empressée, après la mort de son mari, de lui trouver une chambre double dans ce CHSLD. Je pense même que Rachel ne l'avait jamais visité.

Malgré la piètre vue du 8e étage qui donnait sur le boulevard Métropolitain, Rachel s'était habituée assez rapidement à son nouvel univers.

Malheureusement, elle a pris l'habitude de forcer un peu trop sur le gin et, atteinte d'un diabète sévère, son taux de sucre augmentait! À la mort de son mari, elle avait doublé, voire triplé, la dose. Le personnel commençait à s'impatienter de la ramasser sur le plancher; l'infirmière de garde m'en avait formellement avisée. Récemment, la direction a décidé que Rachel perdait beaucoup trop d'autonomie et qu'il fallait la changer d'étage, un étage pour cas plus lourds. Un étage où personne ne peut sortir, sans faire un code confidentiel. Un étage où les résidants sont prisonniers. Quand j'y vais, je prie pour qu'il ne survienne pas une catastrophe, comme le feu. Par précaution et pour son bien, l'infirmière en chef a décidé de lui couper d'un coup sec les cigarettes et l'alcool. Rachel souffrait. C'est la première fois de ma vie que je voyais une personne sevrée aussi rapidement et sans aucune aide. C'était, selon moi, très cruel. Sans doute l'enfer. Par la suite, Rachel s'est mise à se stresser à propos de tout et de rien. Incapable de se contrôler malgré les méthodes de relaxation que je lui enseignais à chacune de mes visites, j'ai perdu un temps l'espoir de l'aider à passer au travers.

Bien que ce sentiment m'exaspère, j'éprouvais envers elle de la pitié. Sur son insistance et un peu par pitié justement, il m'est arrivé de succomber et de lui apporter une petite bouteille de gin. Je lui faisais promettre de ne prendre qu'un apéritif avant le souper. Elle jurait de m'écouter, et je la croyais. Ce fut mon erreur! Un jour, je lui ai donc apporté une petite bouteille de gin que j'ai déposée sur la petite table ronde dans l'entrée. Sa nièce Sophie venait d'arriver pour sa visite bimensuelle. Rachel affectionnait tout particulièrement cette nièce qui était à la fois tutrice et légataire universelle. Sophie habitait loin. Chaque fois qu'elle venait visiter sa tante, elle prenait son courage à deux mains pour faire les quatre heures de route (aller-retour). Ce jour-là, elle était demeurée un moment à jaser après mon arrivée et avait décidé de reprendre la route en plein milieu de l'après-midi, question d'éviter le trafic. Après avoir fait ses adieux à sa tante, elle était partie en faisant un signe de tête en ma direction. À peine 10 minutes s'étaient écoulées que la porte de l'appartement s'est ouverte brusquement. C'était l'infirmière en chef, suivie de la nièce, tête basse. L'infirmière est entrée en trombe dans la chambre, déstabilisant l'atmosphère de paix qui y régnait, et m'a crié: « Vous êtes qui, vous? » Quelle agressivité! « Du calme. Je suis une bonne amie de Rachel, et vous? » Une altercation s'en est suivie et l'infirmière a terminé en me disant: « Si vous lui apportez encore du gin, je vous fais interdire l'entrée. » Pauvre conne, pensai-je, si tu savais comme je déteste ça venir ici. Puis elle s'est calmée et a ressorti de la pièce avec la nièce de Rachel, un peu gênée mais visiblement contente de m'avoir dénoncée.

Comme je ne voulais pas abandonner mon amie, j'ai décidé de ne plus lui apporter de gin, malgré ses demandes répétées. Par la suite, je me suis mise à observer le personnel soignant, les infirmières, les malades, les responsables de ce centre... J'ai appris que des employés apportaient en cachette, à mon amie Rachel, alcool et tabac moyennant un montant d'argent bien entendu. J'avais pourtant avisé Rachel d'être vigilante avec son argent, mais lorsqu'il était question de gin, elle perdait toute prudence. Cette expérience m'a aussi appris que les pensionnaires des centres d'hébergement doivent faire bien attention pour ne pas se créer des ennemis parmi les employés, car ce sont eux qui paient en bout de ligne. Triste réalité, et Rachel en est la preuve.

Un matin, en pénétrant dans sa chambre, je vois Rachel qui est couchée, les couvertures remontées jusqu'au menton. Elle semble dormir. Je me débarrasse de mon manteau et approche une chaise du lit, la regardant affectueusement. Elle a encore maigri. Elle ne doit pas dépasser 36 kilos (80 livres). Dire que c'était une femme tout en rondeur. Quand je l'ai rencontrée pour la première fois en 1992, elle m'avait impressionnée par sa stature. Son poids ne semblait pas la déranger. Féministe, intelligente à souhait, elle avait bien d'autres intérêts que de s'occuper de sa ligne. Aujourd'hui, là devant moi, elle est si menue, je n'en reviens pas. Tout en l'observant, je repense à ces heures de plaisir et aux nombreuses discussions philosophiques que nous avions eues tous les quatre, son mari et elle, Simon et moi. Nous les adorions. Des heures de bonheur et de culture! Nous étions si proches. Rachel vient d'ouvrir les yeux et me sourit en me voyant: «Oh! Quelle belle visite!» C'était toujours sa phrase de bienvenue.

Les vieux

Tendrement, je prends sa main que je garde dans la mienne. Je me demande pourquoi elle est encore au lit à 10 h 30 et pourquoi les barreaux de son lit sont montés. Elle répond à mon interrogation: «Il y a une aide qui ne m'aime pas beaucoup, elle me brusque et j'ai peur.» Je n'ai pu réprimer un mouvement de colère. «Que veux-tu dire au juste, as-tu été bousculée?» Rachel hésite et répond: «Je ne m'en souviens plus!» Voilà une phrase que je déteste entendre. Après une hésitation, je reprends: «Comment ça, tu ne t'en souviens plus? Dis-le-moi si on t'a bousculée, je veux le savoir. Pas question de laisser faire ça.»

D'une voix à peine audible, Rachel me dit: «Elle me parle fort, elle est brusque, j'ai peur d'elle.» Elle me décrit la personne, que je reconnais tout de suite. Quand elle était à l'étage supérieur, cette employée faisait également le ménage de son appartement. Je me souviens qu'elle était rarement de bonne humeur. Quand je la voyais, j'avais beau lui sortir mon plus beau sourire, elle ne répondait pas. Elle vit ici au Québec depuis trois ans. Très grande, elle a une grosse voix qui va bien avec sa corpulence. Je me disais qu'il vaudrait mieux ne pas l'ennuyer. Or, mon amie était fragile, elle avait besoin de douceur, d'attention, non de cette personne à l'air bête qui criait plutôt que de parler. J'ai passé l'avant-midi avec elle, je lui ai raconté mille et une choses et j'ai quitté l'endroit avant le dîner. Il y a quelque chose qui me semblait hallucinant dans ce centre d'hébergement: il n'y avait que deux ascenseurs pour les 12 étages. Le personnel qui monte les cabarets, les chariots de linge, les ouvriers qui depuis six mois utilisent ces ascenseurs autant que les visiteurs. Chaque fois que j'attends l'ascenseur, je ne peux m'empêcher de penser: «S'il fallait qu'une catastrophe survienne dans ce centre, les pensionnaires seraient carrément prisonniers.» Je l'avais dit à la direction, mais mon commentaire n'avait pas été retenu. Cinq jours plus tard, quand je suis retournée voir Rachel, je l'ai surprise en train d'écouter la télévision. Je me suis toujours demandé si sa concentration était aussi vive qu'avant. Dans les chambres des vieux, lorsque le téléviseur est ouvert, le son est souvent trop fort. Les pensionnaires regardent sans regarder, pour tuer le temps sans doute. Par contre, c'est bien pour les préposés; ils ne sont pas dérangés et peuvent travailler en paix.

Ce matin-là, Rachel me parle de son enfance. Quand elle était petite, sa mère aimait lui faire des peurs. Pour ce faire, elle ouvrait le gaz et disait à la petite, alors âgée de quatre ans: «Regarde, maman a ouvert le gaz, elle va le respirer et va mourir.» La petite criait en tirant sur la robe de sa mère: «Non, maman, ne fais pas ça!» La scène se répétait plusieurs fois, au grand désespoir de la petite qui, morte de peur, pleurait dans un coin. Un jour, sa sœur Mariette, son aînée de cinq ans, avait été témoin de la scène. Elle avait tiré la petite vers elle en lui disant: «Laisse-la donc faire, tu vois bien qu'elle fait ça pour te faire peur.» Ce jour-là, sa mère, voyant que son stratagème ne fonctionnait pas, avait immédiatement refermé le gaz. J'écoutais patiemment.

Je ne connais rien à la psychologie, mais je me surprends encore aujourd'hui à constater à quel point les coups durs de l'enfance de Rachel ne l'ont pas davantage atteinte psychologiquement et, par le fait même, conduite vers une sévère dépression. C'était plutôt une femme enjouée qui ne donnait aucun signe de déséquilibre. Par contre, depuis quelques années, elle buvait beaucoup plus et refusait de reconnaître son alcoolisme. Rachel était une personne qui ne pleurait pas. Je ne l'ai jamais vue verser une larme, même pas après la mort de son mari. Pourtant, elle adorait cet homme!

Par la suite, elle a reparlé souvent de ses souvenirs d'enfance, les mêmes histoires, les mêmes anecdotes. Intéressants souvenirs, mais à la longue, ça devenait pesant! La dernière fois, j'avais un peu perdu patience. En la quittant ce jour-là, je ne savais pas quand j'allais revenir. J'ai été quelques mois sans revoir Rachel, pour des raisons personnelles. Mais cet avant-midi-là, je lui avais fait une surprise. Après l'avoir avisée par téléphone, je suis allée la voir. Elle n'avait pas tellement changé. Elle avait encore perdu du poids, mais l'expression de son visage semblait aussi joyeuse en m'apercevant. Cependant, chose nouvelle, elle avait développé de nouveaux tics comme des bruits de bouche plutôt désagréables. Surprenant et inquiétant, pensai-je. Aujourd'hui, Rachel m'annonce calmement qu'elle veut mourir. Surprise, j'attends la suite en me rappelant ce qu'elle m'avait toujours dit: « Même si je suis malade, je ne veux pas mourir, car j'aime trop la vie. » Et aujourd'hui, elle me dit tout le contraire. Je suis donc étonnée et lui demande pourquoi. Avec l'expérience que j'ai acquise auprès des mourants, je sais pertinemment que les grands malades nous disent souvent un peu n'importe quoi, c'est pour tester nos réactions.

Pendant qu'elle me parlait de mourir, je l'ai observée pour constater que le goût de vivre semblait effectivement l'avoir quittée. Comme en ce moment, elle reste les yeux dans le vide, regarde la télé sans vraiment la regarder, demeure longtemps sans parler. Quand on accompagne une personne comme Rachel, on peut facilement se sentir mal à l'aise. C'est peut-être pour cela que les familles délaissent leurs parents dans les centres d'hébergement. Il est difficile de supporter leur détresse ou leur silence, et on trouve n'importe quelle raison pour s'éviter une visite. Avant, il m'arrivait de penser que ces familles n'avaient pas de cœur. Aujourd'hui, je suis plus en mesure de comprendre à quel point les visites peuvent parfois devenir pesantes. Se trouver face à une personne qui ne parle pas ou qui n'arrête pas de se plaindre, ça peut devenir très lourd!

L'attitude et le comportement de Rachel devenaient plus pénibles à supporter. Je n'en revenais pas de penser ça de mon amie! C'est alors que j'ai repris mes visites hebdomadaires. Mais quelle surprise! La dernière fois où j'ai vu Rachel, elle était en grande forme. Il y avait longtemps que je ne l'avais vue aussi bien portante. J'étais là avec une journaliste qui désirait faire des portraits de personnes résidant dans des CHSLD. Je lui avais parlé de Rachel. Cette visite restera mémorable. Pendant les trois heures passées auprès d'elle, Rachel nous a fait rire en nous racontant des anecdotes d'enfance que je n'avais jamais entendues; elle s'était mise à réciter des poèmes d'Émile Nelligan en prenant sa voix du dimanche. C'était si émouvant! J'ai toujours pensé que Rachel avait un talent fou pour la tragédie. Hélas! je ne savais pas que c'était la dernière fois que je la voyais. Quelques jours après cette visite, j'ai reçu un appel téléphonique de sa nièce et tutrice, m'annonçant que sa tante était morte la nuit précédente. Apparemment, Rachel se remettait péniblement d'une pneumonie. À l'hôpital où elle avait été transportée, elle a fait un arrêt cardiaque dans la nuit et ne s'en est pas remise. J'avoue avoir reçu un choc en apprenant la nouvelle. Toutefois, je dois dire que je suis contente que son calvaire soit terminé. Rachel était croyante. Selon la dernière conversation que j'avais eue avec elle sur le sujet, elle me disait avoir hâte d'aller rejoindre son mari, John. Après sa mort, les choses se sont passées très vite. Elle a été incinérée le lendemain de sa mort et le samedi matin, les quelques membres de sa famille recevaient les condoléances à l'arrière de l'église.

À ma grande surprise, j'ai vu une urne qui contenait les cendres de Rachel. Je ne comprenais pas; elle m'avait toujours dit qu'elle ne voulait pas être incinérée. Lorsque je lui demandais pourquoi, elle me répondait aussitôt: «C'est simple, j'ai trop peur du feu!» Et là, maintenant, elle était bien dans un petit récipient… Je n'ai pas compris pourquoi et j'ai infiniment regretté que son désir n'ait pas été respecté. Je ne suis pas restée pour la cérémonie à l'église. Le cœur gros, je suis partie, non sans un dernier regard désespéré à l'urne. Depuis qu'elle est morte, j'y pense souvent! Je regrette de ne pas avoir été prévenue de son hospitalisation. Je me suis sentie mal longtemps parce que je lui avais promis d'être auprès d'elle dans ses derniers moments. La vie est bizarre: on perd des gens que l'on aime et on se dit que la vie continue!

Si vous voulez vivre longtemps, vivez vieux.

Erik Satie
Extrait des *Cahiers d'un mammifère*

Catelyne

L'histoire de cette femme est l'une des pires que j'ai entendues au cours de toute ma vie. En juillet 2000, Catelyne, âgée de 74 ans, fait un premier AVC. Ce samedi matin-là, elle s'apprête à faire du café pour elle et sa fille, une handicapée intellectuelle âgée de 38 ans mais qui n'a guère plus de 5 ans d'âge mental. En se dirigeant vers la cuisinière, Catelyne échappe la cafetière et tombe brutalement sur le plancher de la cuisine. Elle fait un premier ACV. Elle ne perd pas conscience tout de suite, mais elle paralyse et demeure dans cette position plus de 48 heures. Sa fille handicapée regarde sa mère, étendue par terre, et ne comprend pas ce qui ce qui se passe. Elle ne pense pas appeler de l'aide au téléphone, pas plus que de répondre à la porte ni de crier. Elle reste là toute seule pendant plus de deux jours. Il faut dire que sa mère lui avait toujours dit: «Tu ne dois jamais répondre au téléphone ou à la porte. Avec tout ce qui peut arriver de nos jours, ça pourrait être dangereux.» Pendant ces deux jours, l'enfant handicapée a mangé les pommes qui étaient sur la table, a grignoté ce qui était dans le garde-manger et est allée se coucher comme d'habitude quand la noirceur arrivait comme à l'habitude.

Catelyne a été trouvée deux jours plus tard par sa fille et par son fils. Ceux-ci, inquiets de ne pas avoir de réponse au téléphone et encouragés par les autres enfants, se sont rendus à la résidence de leur mère. Ils ont sonné à plusieurs reprises et, n'obtenant aucune réponse, ils ont ouvert la porte avec un passe-partout. C'est alors qu'ils ont vu leur mère par terre au bout du couloir gisant sur le plancher, incapable d'articuler quoi que ce soit! Privée d'eau pendant tout ce temps,

Catelyne était déshydratée. L'ambulance a aussitôt été appelée. On a emmené la pauvre femme à l'hôpital, où elle a passé une batterie de tests. Six mois plus tard, elle a été admise dans un centre d'hébergement pour soins de longue durée où elle vit toujours.

J'ai revu cette personne quelques mois plus tard. Aucune réaction, sauf un léger mouvement qui ressemblait à un rictus lorsque je l'ai appelée par son nom. Il se peut qu'elle m'ait comprise… Avec le temps, son cas s'est aggravé. Je dirais qu'elle survit. Elle dort 23 heures sur 24, totalement dépendante. C'est d'une telle tristesse! Les enfants sont décidément bien fatigués. Certains d'entre eux préféreraient qu'elle meure, car elle n'a plus aucune qualité de vie; les autres aimeraient la garder en vie, probablement pour des raisons morales. «Il faut la laisser aller jusqu'au bout», pensent-ils.

Quand je suis retournée la voir, j'ai été surprise. À mon grand étonnement, elle a eu un mouvement de l'œil qui m'a donné l'impression qu'elle me reconnaissait. C'est alors que je lui ai demandé: «Es-tu fatiguée de vivre ainsi, sans aucune mobilité?» J'ai attendu attentivement sa réaction; elle n'a pas répondu. J'ai continué de flatter son bras tout doucement et au bout de 10 minutes j'ai reposé la question. Aucune réaction, à part un imperceptible mouvement de paupière. Quelque chose me disait qu'elle comprenait… J'ai hésité et, au bout de 15 minutes, j'ai dit pour une troisième fois: «Catelyne, aimerais-tu mourir? Qu'attends-tu pour partir?» C'est alors qu'elle a ouvert la bouche. Lentement et clairement, elle a dit: «De grâce, ne me pose plus jamais la question!» J'étais sidérée.

Elle venait de me dire dans ses mots: «Laisse-moi tranquille!»
Ça dépassait mon entendement.

    Des gens de mon entourage tentent souvent de me convaincre qu'il faut vivre sa vie jusqu'au bout. L'année dernière, quand j'ai entendu Catelyne me dire clairement de ne plus lui poser la question, j'en ai conclu qu'elle ne voulait pas mourir. Ce que je ne comprends pas, c'est *pourquoi* elle veut continuer, car je suis convaincue qu'elle veut poursuivre sa vie même si elle ne fait que respirer. Qu'est-ce qui peut motiver ou intéresser une personne le moindrement consciente à vouloir vivre ou plutôt respirer, dans de telles circonstances? Je sais que je n'aurai jamais de réponse à cette question, et c'est ce qui m'apparaît le plus frustrant. Même si j'avais la foi, je trouverais cette situation illogique!

    Pour calmer mes inquiétudes, je suis retournée la voir une année plus tard, soit en mai 2010. Lorsque je suis entrée dans sa chambre, elle dormait. C'était l'heure du dîner. Je n'ai pas vu de changement depuis la dernière fois. Elle dormait, la tête sur le côté, bien appuyée sur l'oreiller. Une de ses filles est arrivée, l'a réveillée tout doucement et a commencé à la faire manger. Catelyne, complètement réveillée, ouvrait la bouche et la refermait aussitôt. Quand elle en a eu assez, elle a fait non de la tête. Pas un mot, pas un son. J'ai tenté une approche. J'ai dit son nom, j'ai dit le mien... Cette fois, elle n'a fait aucun signe pour démontrer qu'elle me reconnaissait. J'ai fredonné un air connu, aucune réaction. Sa fille lui a chanté de belles chansons, mais Catelyne n'a pas davantage réagi. À un moment, elle m'a fixé à un point tel que j'ai eu l'impression qu'elle me scrutait profondément. J'ai soutenu son regard en me disant que si elle pouvait me voir vraiment, elle saurait que je l'aime. C'était l'essentiel de ma présence.

Quand je l'ai quittée, elle a ouvert la bouche pour dire quelque chose, mais c'était inaudible. J'ai senti que je la voyais vivante pour la dernière fois. La question que je me suis posée mille fois restera toujours la même: pourquoi continuer à vivre dans de telles circonstances? Je suis toujours convaincue qu'elle ne veut pas mourir... Au fond, c'est son droit le plus sacré. Malgré tout, je trouve extrêmement important de considérer, une fois de plus, que seule la personne concernée a le droit de choisir de survivre ou de mourir. Et ce choix doit être respecté par tous, que ça nous plaise ou pas!

Mme Fortin

Cette femme exceptionnelle a vécu dans un immeuble pour personnes autonomes jusqu'à l'âge de 103 ans. Un jour, elle a fait une chute qui a obligé sa fille à prendre une décision déchirante: la placer dans un CHSLD, où elle vit depuis bientôt déjà trois ans. Cette dame est d'une telle lucidité! Elle voit tout, entend tout, trouve difficile de vivre où elle est présentement avec des personnes âgées et malades, surtout des cas d'Alzheimer, des gens plus jeunes qu'elle mais plus mal en point, n'ayant à peu près «plus de discours intéressants» comme elle me disait l'autre jour. Elle trouve le temps si long, la pauvre!

Quand je cause avec elle, ses commentaires m'amusent beaucoup. Ils sont toujours empreints de charité et de compréhension, mais elle trouve cela dur, dur!

Les vieux

Elle m'a longuement parlé des dernières élections municipales qui avaient eu lieu dans sa résidence et… du ridicule de la situation. Elle n'en revenait pas de voir toutes les personnes atteintes d'Alzheimer voter sans même savoir pour qui et pourquoi. « On a laissé voter des êtres qui vivent complètement en dehors de la réalité », me disait-elle, encore scandalisée de la situation. Mme Fortin aimerait bien vivre dans une vraie maison normale, car elle s'ennuie là où elle vit présentement. Elle a du mal à trouver une personne intéressante avec qui parler.

C'est une personne très croyante qui affirme que seul Dieu envoie les épreuves. Parce que je la respecte, je ne m'obstine pas. Toutefois, j'essaie de garder mon sang-froid car je suis toujours très agacée d'entendre parler de cette façon. Aujourd'hui, je me suis dit que si je le pouvais, j'aurais aimé la garder avec moi. Et comme le bon Dieu ne vient pas la chercher, elle en a peut-être pour quelques années encore avant d'aller le rejoindre.

À l'occasion d'une entrevue qu'elle accordait récemment à une journaliste intriguée de la voir si lucide à 105 ans, Mme Fortin a parlé des trois désirs qu'elle caressait avant de mourir: 1. avoir une chambre plus grande; 2. faire de petits tours de voiture quand il fait beau; 3. comme elle adore la musique classique, elle souhaiterait aller à la Place des Arts voir Kent Nagano, le chef de l'Orchestre symphonique de Montréal. À la suite d'un article paru sur elle dans le journal *La Presse*, l'un de ses désirs a été exaucé. L'organisation de l'OSM a planifié une rencontre avec le chef d'orchestre. Une limousine est allée chercher Mme Fortin chez elle un mercredi soir pour l'emmener à la Place des Arts, à l'entrée des artistes. Elle a rencontré personnellement M. Nagano. Elle me l'a décrit comme un amour d'homme. Elle aurait aimé le prendre par le cou, mais elle s'est dit que c'était peut-être un peu trop. De sa loge privée, elle pouvait voir le spectacle et goûter enfin au plaisir presque divin de la belle musique. Le lendemain matin, elle m'a téléphoné pour me raconter sa soirée. Elle ne tarissait pas d'éloges envers la vie de lui avoir accordé cet unique privilège. Bien sûr, elle a aussi remercié Dieu de sa bonté. « N'oubliez pas de remercier la journaliste qui a fait le reportage », lui ai-je dit en souriant. Je l'ai revue récemment et elle me disait se sentir très fatiguée... Elle ne comprend pas pourquoi elle manque autant d'énergie. Dans ces instants-là, je la regarde avec tendresse et lui dis: « Mme Fortin, vous avez 105 ans, ne pensez-vous pas que c'est un peu normal? »

Ce n'est pas tous les jours que l'on rencontre une personne comme elle. Quand je pense qu'elle a encore toutes ses dents, sauf une qu'elle a perdue l'année dernière. Son dentiste n'en revient jamais. « C'est la première fois que je suis en présence d'une personne aussi âgée qui a toute sa lucidité et encore sa dentition, c'est impressionnant! »

J'ai eu le grand plaisir de connaître des vieux qui ont plus de 90 ans et qui sont encore autonomes et en santé. Je trouve toujours intéressant de les écouter parler et si, en plus, ils possèdent un esprit ouvert, alors là c'est passionnant! C'est le cas de Mme Yvonne.

Mme Yvonne

Yvonne m'est tombée dans l'œil la première fois que je l'ai vue. Elle vit dans un CHSLD depuis près de 20 ans. Depuis que je la connais, elle est en fauteuil roulant, et c'est avec ses pieds qu'elle le fait avancer. Elle vient d'avoir 96 ans. Elle fait de la couture et m'a même déjà cousu quelques boutons. Lucide, elle ne se laisse impressionner par personne. L'autre jour, un médecin a eu le malheur de lui dire que la douleur qu'elle ressentait n'était pas si grave. Elle a aussitôt rétorqué d'une voix rauque: « Écoutez donc, vous, vous ne pouvez pas savoir, ce n'est pas vous qui avez mal. » Le docteur, habitué à ses sautes d'humeur, a souri. Personne n'arrive à intimider Yvonne. De milieu modeste, elle s'est toujours débattue toute seule dans la vie. Je l'aime beaucoup et, quand je la rencontre, c'est toujours un réel plaisir que de m'arrêter pour jaser avec elle.

Une fois, je l'ai trouvée dans la lingerie. Toute courbée dans son fauteuil roulant, elle me semblait minuscule. Elle essayait de plier des draps qui étaient en tas sur l'étagère. Elle rouspétait devant ce désordre. Elle défaisait les rangées et les replaçait comme il se doit. Elle est incapable de rester à ne rien faire, même à 96 ans! Malheureusement, depuis quelque temps, elle fait souvent des chutes. Quand elle se penche pour ramasser quelque chose, elle tombe de son fauteuil. Elle s'est retrouvée à l'hôpital dernièrement justement à cause d'une autre chute, et je m'inquiète pour elle. Elle est toujours très active et ne pense jamais à se ménager. Yvonne est une belle survivante! En jasant avec elle, j'ai appris qu'elle était heureuse de vivre dans ce CHSLD. C'était la bonne solution pour elle! Toutefois, j'ai l'impression qu'elle commence à se sentir fatiguée. On dirait qu'elle commence à s'abandonner, à s'adoucir un peu…

Je veux lui dire un beau bravo d'être restée fidèle à ses principes, de n'avoir jamais accepté de compromis quand ce n'était pas logique. Bravo pour sa force et son courage! Yvonne, je vous aime et je vous promets que nous allons la prendre ensemble très bientôt, cette fameuse bière!

Voilà que je viens d'apprendre qu'elle s'est fait amputer une jambe à cause d'une grave infection à un pied. Yvonne a eu un choc. C'est là qu'elle s'est adressée à Dieu: «Mon Dieu, vous m'avez donné deux jambes, dites-moi pourquoi vous avez décidé de venir m'en chercher une aujourd'hui.» Probablement que Dieu était occupé ailleurs! Yvonne, révoltée et déçue, a essayé tant bien que mal de s'en accommoder. Toujours en fauteuil roulant, une légère couverture sur les genoux, elle continue de circuler sans que cela paraisse.

Pour moi, Yvonne est un modèle de courage et de ténacité. Toutefois, elle commence à éprouver des problèmes de surdité. Je dois répéter plus fort pour qu'elle me comprenne. Et je crois aussi que sa vue baisse. L'autre jour, elle m'a demandé quel âge j'avais. J'ai répondu: «Quel âge me donnez-vous, Yvonne?» Elle m'a scrutée, a penché la tête comme pour trouver le bon chiffre, puis a finalement dit: «Je te donnerais entre 40 et 45 ans, grand maximum.» J'ai tellement ri! C'est là que j'ai réalisé à quel point sa vue avait diminué. Yvonne, je vais vous faire un aveu: «J'aurai bientôt 76 ans.» Elle a écarquillé les yeux, certaine que je blaguais! Décidément,

Yvonne, il n'y en a pas deux comme vous, et c'est pour cela que je vous aime!

Mme Marie Rose

Mme Marie Rose fait partie des jeunes vieilles. Je l'ai rencontrée il y a deux ans au CHSLD où vit mon mari. C'est une personne unique, un rayon de soleil, un être de lumière! Quand elle entre dans une pièce, elle l'éclaire. Il n'y a pas une épreuve qui est venue à bout de son moral et de sa bonne humeur. Et pourtant... Depuis 21 ans, elle prenait soin d'un mari malade. Je parle au passé, car il vient tout juste de mourir. Elle avait laissé le travail pour en prendre soin. Il y a quelques années, elle a subi une opération à la cheville pour une fracture. Le chirurgien lui a posé une plaque de métal et neuf vis. L'année suivante, il les lui a enlevées. Toutefois, peu de temps après, la cheville s'est mis à enfler et faisait très mal. L'infection a obligé le chirurgien à opérer de nouveau. C'est en ouvrant la plaie qu'il a trouvé une vis qu'il avait oubliée. Marie Rose a marché sur un pied très douloureux pendant des mois. Je l'ai vue souffrir au-delà des mots. Elle se cachait pour éviter que les gens voient sa souffrance.

Son pied la fait encore grimacer de douleur. «Vous faites de la dystrophie réflexe», lui a dit le médecin. Marie Rose veut terminer la paperasse à la suite du décès de son mari et retourner faire du bénévolat au même centre. Mais l'état de son pied m'inquiète beaucoup. Je l'ai déjà vue descendre de reculons du deuxième étage, incapable de le faire autrement. Parfois, elle descend même sur les fesses, tant son pied lui fait mal. Jamais une plainte, toujours le sourire!

Une des grandes qualités de Marie Rose est qu'elle a gardé une simplicité parfois désarmante. Je crois n'avoir jamais rencontré une personne aussi généreuse, aussi authentique! Dire qu'elle va continuer à chanter pour les malades à ce centre tous les deux vendredis. Bravo, Marie Rose, pour ta générosité et ta bonne humeur! Quand je te vois, tu me fais du bien. Merci!

Mme Alie

Parmi toutes les vieilles personnes que j'ai rencontrées, il y a cette dame unique et tellement charmante de 85 ans qui répond au prénom d'Alie. Elle est devenue mon indissociable amie! Elle travaille encore à des projets d'écriture. Elle marche tous les jours pour sa santé, se nourrit peu mais bien, ne regarde pas ou peu la télé, et ses intérêts se portent vers la littérature philosophique, théologique et scientifique.

Son parcours de vie est si extraordinaire qu'il me serait impossible d'en faire le tour, de peur d'en oublier la moitié. Et comme toutes les personnes humbles, Alie n'aime pas parler d'elle. Malgré ses 85 ans, elle est encore capable de faire plusieurs choses à la fois et son jugement est impeccable. Avec elle, j'ai pu aborder sans gêne le sujet de la mort et de l'après-mort. Tout comme moi, elle ne nie ni ne confirme ce qui se passe après la mort. Mais elle me parle de continuité, un peu comme les saisons, dit-elle. Rien ne meurt vraiment, tout renaît mais d'une autre façon.

Actuellement, elle s'emploie à vivre le moment présent et en toute conscience. Parmi les vieux, c'est la personne la plus allumée que j'ai eu le bonheur de rencontrer. Son niveau de compréhension des humains est hallucinant! Elle ne porte jamais de jugement sur qui que ce soit, ce qui est rare dans notre monde actuel. Je me sens tellement privilégiée de l'avoir comme amie que je remercie la vie de l'avoir mise sur mon chemin. Elle est souvent un phare pour moi dans la nuit pénible que je traverse. Alie, comme je t'aime!

Ceux qui travaillent encore
Les vieux qui travaillent encore à l'âge de 80 ans me fascinent. Ils disent se sentir heureux d'être encore utiles. Il y en a beaucoup plus que l'on pense qui font des semaines de 40 heures.

Dans le monde des vieux, il y a cet homme de 80 ans qui joue divinement du violon. Il a commencé tout jeune. Ce qui le caractérise est le fait qu'il est aussi bon en musique classique qu'en musique populaire ou folklorique. Il a une oreille si aiguisée qu'il peut entendre la moindre fausse note. Les violoneux qui jouent avec lui n'ont qu'à bien se tenir! En cachette, pour l'anniversaire de Simon, j'ai organisé un après-midi de musique au CHSLD. J'avais invité plusieurs violoneux. Ça a été extraordinaire! Je n'avais jamais vu briller autant de lumière dans les yeux des résidants. Écouter un violon, c'est bien, mais lorsqu'il y en a plusieurs, c'est quasi divin! Et ces musiciens sont tous des gens qui font partie du monde des vieux.

Récemment, j'ai assisté à un colloque sur la protection des malades pour les aînés, comme on les appelle. Il y avait quelques centaines de vieux de bonne humeur, allumés, à l'esprit ouvert. J'étais contente de constater qu'ils étaient capables d'émettre une opinion sans avoir peur de parler. J'ai constaté avec plaisir que les responsables de ce colloque n'avaient pas la langue dans leur poche. Cela m'a grandement rassurée sur la capacité de ces vieux!

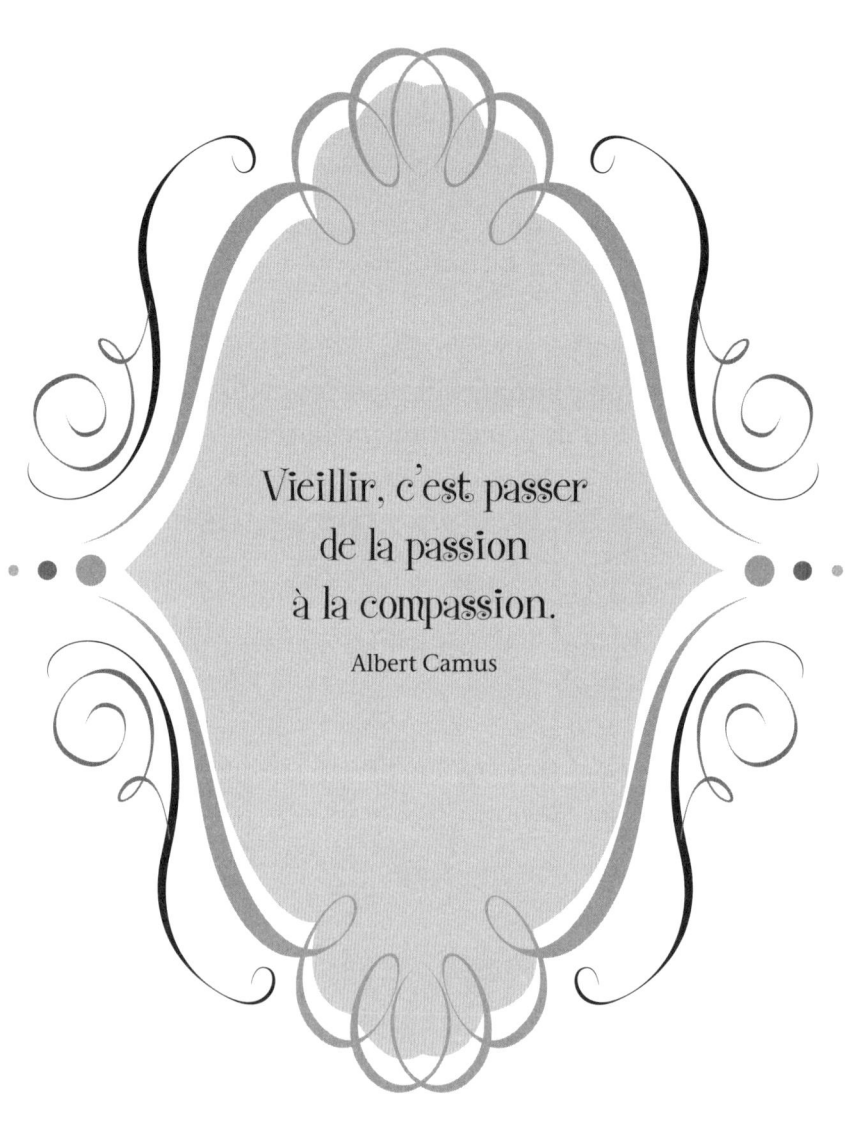

Vieillir, c'est passer
de la passion
à la compassion.

Albert Camus

Conclusion

En faisant la rencontre de vieux aussi intéressants que fascinants, j'ai été surprise de découvrir autant de vivacité chez eux! Je me suis donc posé la question: pourquoi la société tient-elle à donner l'impression que les vieux sont plus ou moins utiles et qu'ils peuvent même devenir un fardeau en vieillissant? Quelle tristesse! Je suis personnellement convaincue que les vieux constituent une richesse à tous égards, et pour plusieurs raisons. Si on les laissait se raconter davantage, on aurait beaucoup à apprendre d'eux. Personnellement, je me suis beaucoup enrichie en les écoutant. J'ai ri avec les uns, discuté plus sérieusement avec d'autres; j'ai même laissé l'émotion m'envahir à certains moments. Une chose est certaine, j'ai rencontré des vieux fantastiques, intelligents, productifs. La preuve, Alie!

Oui, il y a des vieux difficiles, grincheux, mais ceux-là l'ont toujours été, et ce n'est pas en vieillissant qu'ils vont s'améliorer. Ça fait également partie de la réalité! Rencontrer des vieux m'a fait réfléchir sur la fin de vie et sur l'après-vie. Je me définis comme agnostique; mes croyances s'orientent plutôt vers l'Énergie, la Lumière et toutes les beautés de ce monde. Je crois à l'amour et au partage, je crois à l'intelligence, à la réflexion, à l'équilibre. Ce qui se passe après la mort reste inconnu pour moi. Je ne peux nier ni confirmer qu'il y a une vie après la Vie. Toutefois, je laisse la porte ouverte sur la possibilité d'une continuité après la mort, comme le dit Alie. Ça me semble logique: on n'a qu'à regarder la nature. Il y a tant d'exemples! Coupez un arbre et il repoussera. Tout ce qui vit ne meurt jamais vraiment.

Quand je pense aux grands de ce monde, par exemple Albert Einstein, je m'interroge aussi. Où est-il? Que fait-il? Comment expliquer qu'une telle énergie ait fait partie de l'histoire, soit morte et ait disparu? Une amie me rappelait récemment que tous les humains vivent et meurent, qu'ils soient des génies ou non. La différence est que les génies restent dans nos mémoires par leurs écrits ou par leur musique. C'est tout de même réconfortant de penser que grâce à la littérature ou à la musique, ces grands hommes et ces grandes femmes resteront toujours vivants dans nos cœurs!

Bizarrement, en écrivant sur les vieux, j'ai repensé à toutes les questions de mon enfance qui demeuraient toujours sans réponses. Mes parents, par gêne ou par incapacité, ne pouvaient jamais étancher ma soif de savoir. En travaillant sur les vieux, bien d'autres questions sont venues envahir mon esprit. Il y a tellement d'aberrations et d'illogismes dans notre système, c'est décourageant! On a juste à penser au pouvoir qui donne aux riches le droit de vie ou de mort. Ce pouvoir qui permet les abus de toutes sortes. Ce pouvoir qui privilégie les organisations criminelles. Comment expliquer logiquement que l'Église défende l'avortement aux femmes, le mariage aux prêtres, qu'elle condamne officiellement l'homosexualité, mais permet un service religieux dans la maison

Conclusion

de Dieu à un mafioso? J'en suis personnellement outrée! Ce qui est déplorable au fond, c'est le manque de conscience et de responsabilité de notre société qui se dit évoluée. Nous habitons une planète malade et qui pleure. Hélas! je le constate jour après jour. Un peu pour chasser la nostalgie qui m'envahit, je suis allée faire un tour au marché Jean-Talon. Juste pour voir la vie circuler, juste pour le plaisir de me mêler à la foule. Une vraie splendeur! Des bébés en poussettes, des enfants qui courent, des adultes qui goûtent aux fruits frais du jour, des étalages de légumes de toutes les couleurs et de toutes les grosseurs qui semblent nous dire: «Goûtez-moi!» Tout ça et plus encore qui provient de cette terre, une terre si généreuse. Quel ravissement! Au fond de moi, très humblement, j'ai dit merci à la Vie!

Et je suis revenue à la maison pour terminer cet essai.

***

Très peu de vieux ont voulu aborder les croyances de l'après-mort. En général, le premier espoir de ces gens est la certitude d'aller au ciel en mourant pour rejoindre Dieu. En faisant un léger arrêt au purgatoire, peut-être? Cette croyance est largement partagée par la majorité des vieux. C'est la plus simpliste! Il y a la théorie de la réincarnation: celle qui permettrait à l'homme de s'améliorer vie après vie, ce qui laisse entendre que l'humain deviendrait plus intelligent et conscient à force de revenir sur terre. Intéressant! Si tel est le cas, comment expliquer les réincarnations répétées de nos bêtises humaines? Pourquoi notre mémoire ne peut-elle se souvenir de ses erreurs pour éviter de les reproduire? J'ai posé la question, mais je n'ai obtenu aucune réponse satisfaisante.

J'ai même pensé à cet enfant âgé de quatre ans qui s'est noyé dans une rivière au nord-est de Montréal et qui n'a été retrouvé que près d'un mois plus tard. J'essaie de saisir le sens de la disparition de cet enfant, j'essaie d'imaginer sa peur en tombant à l'eau, les cris qu'il a lancés et qui n'ont jamais été entendus, le chagrin innommable de ses parents. Quelle est l'explication logique de cette expérience? Que pourrait me dire une personne qui croit à la réincarnation? Que ce garçon avait choisi de mourir dans la peur la plus complète pour apprendre quelque chose? Non, je ne suis pas capable d'acheter cela! Pour continuer dans le même sens et en réfléchissant sur la possibilité de revenir constamment sur terre pour réparer les erreurs du passé, je m'interroge sur la logique de maintenir en vie des personnes totalement inconscientes qui se retrouvent sous assistance respiratoire. À qui et à quoi cette expérience sert-elle? Personne n'a de réponse logique à ce sujet. Je pense en particulier aux personnes qui meurent seules, souffrantes et abandonnées.

Il y a aussi les gens qui sont convaincus qu'après la mort il n'existe plus rien. Ce sont surtout des intellectuels ou des scientifiques. Des gens de culture, de réflexion et d'intelligence. Cependant, il m'est difficile, pour ne pas dire impossible, d'adhérer à cette conclusion car je garde toujours en tête que si l'horloge existe, il doit bien y avoir un horloger!

Le crépuscule des vieux
(texte de Marc Favreau, Sol)

Des fois, j'ai hâte d'être un vieux. Ils sont bien, les vieux, on est bon pour eux, ils sont bien.

Ils ont personne qui les force à travailler; on veut pas qu'ils se fatiguent. Même que la *plusspart* du temps, on les laisse finir leur ouvrage. On les stoppe, on les *interruptionne*, on les *retraite fermée*. On leur donne leur *appréhension* de vieillesse et ils sont en vacances...

Ah! Ils sont bien, les vieux! Et puis, comme ils ont fini de grandir, ils ont pas besoin de manger tant tellement beaucoup. Ils ont personne qui les force à manger. Alors, de temps en temps, ils se *croquevillent* un petit biscuit, ou bien ils se *retartinent* du pain avec du beurre *d'arrache-pied*, ou bien ils regardent pousser leur *rhubarbe* dans leur soupe...

Ils sont bien...

Jamais ils sont pressés non plus. Ils ont tout leur *bon vieux temps*. Ils ont personne qui les force à aller vite; ils peuvent mettre des heures et des heures à *tergiverser* la rue...

Les vieux

Et plus ils sont vieux, plus on est bon pour eux. On les laisse même plus marcher... On les roule...

Et puis, d'ailleurs, ils auraient même pas besoin de sortir du tout; ils ont personne qui les *attendresse*...

Et l'hiver... Ouille, l'hiver! C'est là qu'ils sont le mieux, les vieux; ils n'ont pas besoin de *douzaines de quatorze soleils*... Non!

On leur donne un foyer, un beau petit foyer modique qui *décrépite*, pour qu'ils se *chaufferettes* les mitaines...

Ouille, oui l'hiver, ils sont bien. Ils sont drôlement bien isolés... Ils ont personne qui les dérange. Personne pour les empêcher de bercer leur *ennuitouflé*...

Tranquillement, ils *effeuillettent* et *revisionnent* leur jeunesse rétroactive, qu'ils oublient à mesure sur leur vieille *malcommode*...

Ah! Ils sont bien...!

Sur leur *guéridon*, par exemple, ils ont une bouteille, petite, bleue. Et quand ils ont des maux, les vieux, des maux qu'ils peuvent pas comprendre, des *maux mystères*, alors, à la petite cuillère, ils les *endorlotent* et les *amadouillent*...

Ils ont personne qui les garde malades. Ils ont personne pour les *assistés soucieux*...

Ils sont drôlement bien...!

Le crépuscule des vieux (texte de Marc Favreau, Sol)

Ils ont même pas besoin d'horloge non plus, pour entendre les aiguilles *tricoter* les secondes...

Ils ont personne qui les empêche d'avoir *l'oreillette* en dedans, pour écouter leur cœur qui *grelinde* et qui *frilotte*, pour écouter leur corps se débattre tout seul...

Ils ont personne qui...

Ils ont personne...

Table des matières

Avant-propos...	7
Avertissement..	9
Chapitre 1	
Ma nouvelle vie	11
La peur de vieillir..	22
Les tabous	27
Le quotidien	35
Quelques observations	41
Chapitre 2	
La maladie...	51
Les centres d'hébergement............................	66
Chapitre 3	
La mort...	85
La mort de ma mère, ou vers le ciel étoilé	96
Chapitre 4	
Portraits	105
Mme Allaire	109
La grande Rachel	111
Catelyne	122

Mme Fortin 125
Mme Yvonne 128
Mme Marie Rose 130
Mme Alie... 131
Ceux qui travaillent encore 132

Conclusion.. 135

Le crépuscule des vieux
(texte de Marc Favreau, Sol) 139